Esta coleção da revista Jacobin traz reflexões e indagações críticas sobre política, economia e cultura sob uma perspectiva socialista, como guia para uma prática política radical. Os livros oferecem uma análise engajada com a história e com as ideias da esquerda de um modo mais acessível.

Esta coleção é uma parceria entre a editora Autonomia Literária, Verso Books e a revista Jacobin, publicada no Brasil semestralmente em formato impresso e digital.

Outros títulos da coleção:

República popular do Wallmart: como as maiores empresas do mundo usam as bases do socialismo
de Leigh Phillips and Michal Rozworski
Dando uma de puta: o trabalho das profissionais do sexo
de Melissa Gira Grant
Construindo a comuna: democracia radical na Venezuela
de George Ciccariello-Maher

Peter Frase

Quatro futuros

A vida após o capitalismo

Traduzido por Everton Lourenço

1ª reimpressão

2021
Autonomia Literária

© Autonomia Literária, para a presente edição.
© Peter Frase, 2016

Este livro foi publicado originalmente sob o nome de *Four Futures: life after capitalism*, pela Verso Books, em 2016.

Coordenação Editorial
Cauê Seigner Ameni
Hugo Albuquerque
Manuela Beloni
Tradução: Everton Lourenço
Revisão: Arthur Dantas Rocha
Preparação e diagramação: Manuela Beloni
Capa: Verso Books

Dados Internacionais de Catalogação na Publicação (CIP)
(eDOC BRASIL, Belo Horizonte/MG)

F841q Frase, Peter.
Quatro futuros: a vida após o capitalismo / Peter Frase; tradução Everton Lourenço. – São Paulo, SP: Autonomia Literária, 2020.
170 p. : 13 x 19 cm

Título original: Four Futures: Life After Capitalism
ISBN 978-65-990339-6-4

1. Capitalismo. 2. Economia. 3. História econômica. 4. Previsão econômica. I. Lourenço, Everton. II. Título.

CDD 330

Elaborado por Maurício Amormino Júnior – CRB6/2422

Autonomia Literária
Rua Conselheiro Ramalho, 945 CEP: 01325-001São Paulo - SP
autonomialiteraria.com.br

Sumário

7   Introdução: Tecnologia e ecologia como apocalipse e utopia

43   Comunismo
Igualdade e abundância

79   Rentismo
Hierarquia e abundância

103   Socialismo
Igualdade e escassez

135   Exterminismo
Hierarquia e escassez

161   Conclusão
Transições e perspectivas

169   Anexo: O partido da morte na pandemia do corona vírus

175   Sobre o autor

Introdução: Tecnologia e ecologia como apocalipse e utopia

Dois espectros assombram a Terra no século XXI: os espectros da catástrofe ecológica e da automação.

Em 2013, um observatório do governo dos EUA registrou que a concentração global de dióxido de carbono atmosférico tinha atingido 400 partes por milhão pela primeira vez no registro histórico.[1] Esse limiar, que a Terra não havia ultrapassado em 3 milhões de anos, prenuncia a aceleração das mudanças climáticas ao longo do século. O Painel Intergovernamental sobre Mudanças Climáticas prevê a diminuição do gelo oceânico, a acidificação dos oceanos e uma frequência crescente de eventos de secas e tempestades extremas.[2]

Ao mesmo tempo, notícias de avanços tecnológicos no contexto de alto desemprego e salários estagnados têm produzido alarmes preocupantes sobre os efeitos da automação no futuro do trabalho. No começo de 2014, os professores

---

[1] National Oceanic and Atmospheric Administration, *Trends in atmospheric carbon dioxide*, Esrl.noaa.gov, 2014.

[2] Thomas F. Stocker et al., *Climate change 2013: the physical science basis*, Intergovernmental Panel on Climate Change, *Working group I contribution to the fifth assessment report of the Intergovernmental Panel on Climate Change*, Nova York: Cambridge University Press, 2013.

do MIT, Erik Brynjolfsson e Andrew McAfee, publicaram *A segunda era das máquinas: trabalho, progresso e prosperidade em uma época de tecnologias brilhantes*.[3] Eles avaliaram um futuro em que tecnologias em computação e robótica substituem o trabalho humano não apenas em domínios tradicionais como na agricultura e na indústria, mas em setores que variam desde a medicina e o direito chegando até mesmo nos transportes. Na Universidade de Oxford, uma unidade de pesquisa lançou um relatório amplamente divulgado estimando que cerca de metade dos empregos atuais nos Estados Unidos estão vulneráveis à automatização.[4]

Essas duas preocupações são, em muitos sentidos, diametralmente opostas. O temor em relação às mudanças climáticas é um medo de ter muito pouco: ele antecipa a escassez de recursos naturais, a perda de terras agricultáveis e de ambientes habitáveis – e, por fim, a morte de uma Terra que seja capaz de sustentar a vida humana. O pavor da automação é, perversamente, um medo de ter demais: uma economia completamente robotizada que produza tanto, com tão pouco trabalho humano, que não haja mais qualquer necessidade de trabalhadores. Podemos realmente estar encarando uma crise de escassez e uma crise de abundância ao mesmo tempo?

---

[3] Erik Brynjolfsson e Andrew McAfee, *The second machine age: work, progress, and prosperity in a time of brilliant technologies*, Nova York: W. W. Norton, 2014.

[4] Carl Benedikt Frey e Michael A. Osborne, *The future of employment: how susceptible are jobs to computerisation?*, OxfordMartin. *ox.ac.uk*, 2013.

O argumento deste livro é que, de fato, estamos vivendo uma crise dupla tão contraditória, e que é a interação entre essas duas dinâmicas que torna nosso momento histórico tão volátil e incerto, tão cheio de promessas quanto de perigos. Nos capítulos que seguem tentarei esboçar algumas das possíveis interações entre estas duas dinâmicas.

Antes disso, porém, preciso expor os contornos dos debates atuais sobre automação e mudanças climáticas.

A ascensão dos robôs

"Sejam bem-vindos, mestres robôs!", lê-se na manchete de um artigo publicado em 2013 pela revista *Mother Jones*, "Por favor, podem não nos demitir?".[5] O texto, do comentarista liberal Kevin Drum, é um bom exemplo da enxurrada da cobertura midiática nos anos recentes, analisando a rápida propagação da automação e da informatização em todas as partes da atividade econômica. Estes artigos tendem a vagar entre o deslumbramento e o horror quanto às possibilidades de todas essas novas engenhocas. Em textos como o de Drum, o rápido progresso na automação anuncia a possibilidade de um mundo com uma qualidade de vida melhor e mais tempo livre para todos; mas, na visão alternativa, anuncia o desemprego em massa e o contínuo enriquecimento do 1%.

Essa não é, de forma alguma, uma nova tensão. O conto popular *John Henry e o martelo a vapor*, com origem no sécu-

---

[5] Kevin Drum, *Welcome, Robot Overlords. Please don't fire us?*, *Mother Jones*, Maio/Junho de 2013.

lo XIX, descreve um trabalhador ferroviário que tenta apostar corrida contra uma broca de aço alimentada a vapor e vence – caindo, logo em seguida, morto pelo esforço. Diversos fatores têm se somado para acentuar as preocupações sobre a tecnologia e seus efeitos sobre o trabalho. O mercado de trabalho persistentemente fraco após última recessão tem produzido um pano de fundo de uma preocupação generalizada com a perda de emprego. A automação e a informatização estão começando a alcançar atividades profissionais e criativas, que por muito tempo pareciam imunes a isso, ameaçando os empregos dos próprios jornalistas que cobrem esses assuntos. E o ritmo das mudanças parece, para muitos, estar mais rápido que nunca.

"A segunda era das máquinas" é um conceito impulsionado por Brynjolfsson e McAfee. Em seu livro de mesmo nome, eles defendem que assim como a primeira era das máquinas – a Revolução Industrial – substituiu músculos humanos pelo poder de máquina, a informatização estaria nos permitindo ampliar imensamente, ou mesmo substituir, "a capacidade de usar nossos cérebros para entender e dar forma aos nossos ambientes".[6] Nesse livro e em seu predecessor, *Corrida contra a máquina*,[7] Brynjolfsson e McAfee argumentam que computadores e robôs estão rapidamente penetrando em cada parte da economia, tomando o lugar do trabalho humano em funções de alta e baixa qualificação. É central para a sua visão o processamento de grande parte do mundo em informação digital, com tudo

---

[6] Brynjolfsson e McAfee, *The second machine age*, pp. 7–8.
[7] N. do T.: no original, *Race against the machine* – um trocadilho com o nome da banda *Rage Against the Machine*.

– desde livros e músicas até as interconexões de ruas – estando agora disponível em uma forma que pode ser copiada e transmitida ao redor do mundo instantaneamente e quase de graça.

As aplicações que esse tipo de dados nos permitem são enormemente variadas, especialmente em combinação com avanços em robótica e em sensores do mundo físico. Em um estudo amplamente citado usando uma análise detalhada sobre diferentes profissões, produzido pelo Departamento do Trabalho dos Estados Unidos, os pesquisadores da Universidade de Oxford, Carl Benedikt Frey e Michael A. Osborne, especularam que 47% dos empregos atuais dos EUA são suscetíveis à substituição por automação graças aos atuais desenvolvimentos tecnológicos.[8] Na OCDE, Stuart Elliott usou a mesma fonte de dados, mas uma abordagem diferente ao longo de uma janela de tempo maior, para sugerir que esses números podem chegar até mesmo a 80%. Esses números são o resultado de decisões de classificação subjetivas e metodologias quantitativas complexas, então seria um erro colocar muita fé em qualquer número exato. Mesmo assim, deveria estar claro que a possibilidade de rápido aprofundamento da automação no futuro próximo é bem real.

Brynjolfsson e McAfee são talvez os mais conhecidos profetas da rápida automação, mas seu trabalho se encaixa em um gênero que está explodindo. O empreendedor de software Martin Ford, por exemplo, explora terreno similar em seu

---

[8] Frey e Osborne, *The future of employment*.

trabalho de 2015, *A ascensão dos robôs*.[9] Ele se baseia na mesma literatura e chega às mesmas conclusões sobre a marcha da automação. Suas conclusões são um tanto mais radicais – uma renda básica universal garantida, que será discutida mais à frente neste livro, ocupa um lugar de destaque; grande parte de seus rivais literários, em contraste, oferecem pouco mais do que baboseiras sobre educação.

Que muita gente esteja escrevendo sobre uma automação rápida e socialmente perturbadora não significa que essa seja uma realidade iminente. Como citei acima, a ansiedade sobre tecnologias de economia de mão de obra é na verdade uma constante através de toda a história do capitalismo. De fato, podemos enxergar muitas indicações de que agora temos a *possibilidade* – apesar de não necessariamente a realidade – de reduzir drasticamente a necessidade de trabalho humano. Alguns exemplos demonstrarão as diversas áreas em que o trabalho humano está sendo reduzido ou inteiramente eliminado.

Em 2011, a IBM protagonizou manchetes com seu supercomputador Watson, que competiu e venceu adversários humanos no jogo de perguntas e respostas (e popular programa de televisão) *Jeopardy*. Embora esse feito tenha sido uma jogada publicitária um tanto fútil, ele também demonstrou a adequação do Watson para outras tarefas mais valiosas. A tecnologia já está sendo testada para auxiliar médicos no processamento de volumes enormes de literatura médica para diagnosticar melhor os pacientes, o que, na verdade, era o propósito ori-

---

[9] Martin Ford, *Rise of the robots: technology and the threat of a jobless future*, Nova York: Basic Books, 2015.

ginal do sistema. Mas ele está sendo lançado também como "Assessor de atendimento Watson",[10] que se destina ao serviço de atendimento a clientes e aplicações de suporte técnico. Ao responder às questões dos clientes em linguagem natural de forma livre, esse aplicativo teria o potencial de substituir os trabalhadores de *call center* (muitos em lugares como a Índia) que atualmente executam esse trabalho. A revisão de documentos legais, um processo que consome um tempo extremamente grande e que tradicionalmente é realizado por legiões de jovens advogados, é outra aplicação promissora da tecnologia.

Outra área de rápido avanço é a robótica, a interação do maquinário com o mundo físico. Ao longo do século XX grandes avanços foram feitos no desenvolvimento de robôs industriais de grande escala, do tipo que poderia operar uma linha de montagem de carros; mas, apenas recentemente, eles começaram a desafiar as áreas em que os humanos se sobressaem: habilidades motoras finas e navegação em terrenos físicos complexos. O Departamento de Defesa dos EUA já está desenvolvendo máquinas de costura controladas por computador para evitar a manutenção da China como sua fornecedora de uniformes.[11] Até pouquíssimos anos atrás, carros autônomos eram tidos como muito além do escopo de nossa capacidade técnica; agora, a combinação de tecnologias de sensores e bancos de dados de mapas bem completos está transformando isso em realidade, em projetos como a frota autônoma da Google.

---

[10] N. do T.: no original, *Watson engagement advisor*.
[11] Katie Drummond, *Clothes will sew themselves in Darpa's sweat-free sweatshops*, Wired.com, 6 de Junho, 2012.

Enquanto isso, uma companhia chamada Locus Robótica lançou um robô que pode processar pedidos em armazéns gigantes, substituindo potencialmente os trabalhadores da Amazon e de outras companhias, que atualmente labutam em condições muitas vezes brutais.[12]

A automação continua seguindo em frente mesmo na agricultura, que antigamente consumia a maior parcela de trabalho humano, mas que agora compõe uma pequena fração do emprego, especialmente nos Estados Unidos e em outros países ricos. Na Califórnia, mudanças nas condições econômicas mexicanas e a repressão na fronteira levaram à escassez de mão de obra. Isso tem estimulado os fazendeiros a investir em novos maquinários que possam levar a cabo tarefas delicadas como a colheita de frutas, que antes precisava da precisão da mão humana.[13] Esse desenvolvimento ilustra uma dinâmica capitalista recorrente: conforme os trabalhadores se tornam mais poderosos e mais bem pagos, aumenta a pressão sobre os capitalistas para que automatizem as atividades. Quando há uma imensa reserva de mão de obra agrícola migrante de salário baixo, uma colheitadeira de frutas de cem mil dólares parece uma indulgência extravagante, um desperdício; mas quando os trabalhadores são escassos e são capazes de exigir salários melhores, o incentivo para substituí-los por maquinário é intensificado.

---

[12] Leanna Garfield, *These warehouse robots can boost productivity by 800%*, TechInsider.io, 26 de Fevereiro, 2016.

[13] Ilan Brat, *Robots step into new planting, harvesting roles*, Wall Street Journal, 23 de Abril, 2015.

A tendência para a automação atravessa toda a história do capitalismo. Em anos recentes ela foi silenciada e um tanto disfarçada pela enorme injeção de força de trabalho barata que o capitalismo global recebeu após o colapso da União Soviética e a guinada rumo ao capitalismo na China. Agora, entretanto, até mesmo companhias chinesas estão encarando a escassez de força de trabalho e procurando por novas formas de automatizar e robotizar.

Inumeráveis outros exemplos podem ser produzidos. Anestesistas robóticos para substituir médicos; uma máquina de montagem de sanduíches de hambúrguer que pode substituir os funcionários do McDonald's; impressoras 3D de grande escala que podem fabricar casas inteiras dentro de um dia. Cada semana traz novidades surpreendentes.

A automação está sujeita a avançar até mesmo para além disso, rumo à forma mais velha e mais fundamental de trabalho das mulheres. Nos anos 1970, a teórica feminista radical Shulamith Firestone falava sobre gerar bebês em úteros artificiais, como uma forma de libertar as mulheres de sua posição submissa nas relações de reprodução.[14] Fantásticas na época, tais tecnologias estão se tornando uma realidade. Cientistas japoneses tiveram sucesso na gestação de cabras à partir de úteros artificiais e na gestação de embriões humanos o êxito foi de até 10 dias. Outros trabalhos na aplicação dessa tecnologia para bebês humanos estão agora restritos tanto pelas leis quanto pela ciência – o Japão proíbe a gestação de embriões huma-

---

[14] Shulamith Firestone, *The dialectic of sex: The case for feminist revolution,* Nova York: Farrar, Straus and Giroux, 1970.

nos artificialmente por um tempo maior que catorze dias.[15] Muitas mulheres acham uma perspectiva como essa desconcertante, e dão boas-vindas à experiência de carregar um filho; mas certamente muitas outras prefeririam serem liberadas dessa obrigação.

A maior parte deste livro tomará como certa a premissa dos otimistas da automação, de que dentro de apenas algumas décadas estaremos vivendo em um mundo no estilo de *Star Trek* onde, como coloca Kevim Drum, "robôs podem fazer tudo o que os humanos fazem, sem reclamar, 24 horas por dia", e onde a "escassez de bens de consumo comuns é uma coisa do passado".[16] Tais afirmações são passíveis de se revelarem hipérboles, o que para os propósitos deste livro não é um problema: minha abordagem é deliberadamente hiperbólica, rascunhando tipos ideais simplificados para ilustrar princípios fundamentais. Não importa se *absolutamente tudo* será feito por robôs, o que importa é que uma grande porção do trabalho atualmente executado por humanos está no processo de ser automatizado.

No entanto, muitas controvérsias sobre quão rápido a automação pode seguir em frente e sobre quais processos estarão sujeitos a ela permanecem. Portanto, antes de mergulhar nas possíveis consequências sociais desse processo, esboçarei alguns dos rápidos desenvolvimentos recentes na assim chamada "segunda era das máquinas" em que vivemos. Ela é uma

---

[15] Soraya Chemaly, *What do artificial wombs mean for women?*, Rewire.news, 23 de Fevereiro, 2012.

[16] Kevin Drum, *Welcome robot overlords, Mother Jones.*

sequência – ou, como alguns a veem, meramente uma extensão – da primeira era das máquinas da automação industrial em larga escala.

Medo de um planeta mecânico

Objeções às profecias e temores sobre uma automação ampla caem em três categorias abrangentes. Alguns dizem que os relatos sobre novas tecnologias são exagerados e pretensiosos, e que nós estaríamos ainda muito longe de sermos capazes de substituir o trabalho humano na maioria das áreas. Outros, seguindo um argumento tradicional do pensamento econômico dominante, afirmam que episódios anteriores de rápido crescimento de produtividade simplesmente abriram novos tipos de trabalho e novos empregos, sem levar a um desemprego massivo – e que desta vez não será diferente. Finalmente, alguns na esquerda veem o foco obsessivo em cenários futurísticos de automação como uma distração contra tarefas políticas mais urgentes, tais como investimento e estímulo governamental, melhores condições nos ambientes de trabalho e melhores salários.

Relatos sobre o definhamento do trabalho humano: um grande exagero?

Aqueles que acreditam que se dá uma importância exagerada para a tecnologia normalmente apontam para as estatísticas publicadas sobre o crescimento da produtividade. Uma adoção em larga escala de robôs e maquinário deveria aparecer como um aumento rápido nas estatísticas que medem a produtividade da mão de obra – ou seja, a quantidade do produto que pode ser gerado pelo trabalhador. Mas, de fato, a taxa de crescimento da produtividade em anos recentes tem sido relativamente baixa. Nos Estados Unidos, a Agência de Estatísticas do Trabalho[17] relata que de 2007 até 2014, a taxa anual de mudança foi de apenas 1,4%. Esse é um ritmo mais lento do que em qualquer momento desde a década de 1970 e metade do que era visto durante o *boom* de crescimento nos anos do pós-guerra.

Isso leva alguns a afirmarem que as descrições anedóticas de grandes conquistas na robótica e na computação, seriam enganosas porque, na verdade, elas não estariam sendo traduzidas em resultados econômicos. A visão dos economistas Tyler Cowen e Robert Gordon se aproxima bastante dessa perspectiva.[18] Doug Henwood, do Observatório de Esquerda para os Negócios,[19] defende uma hipótese semelhante à esquerda.[20]

---

[17] N. do T.: no original, "Bureau of labor statistics".

[18] Tyler Cowen, *The great stagnation: how america ate all the low-hanging fruit of modern history, got sick, and will (eventually) feel better*, Nova York: Penguin, 2011; Robert J. Gordon, *Is U.S. economic growth over? faltering innovation confronts the six headwinds, National bureau of economic research working paper series*, Cambridge, MA: National Bureau of Economic Research, Agosto de 2012.

[19] N. do T.: *Left business observer*.

[20] Doug Henwood, *Workers: no longer needed?*, Lbo-News.com, 2015.

Para economistas mais conservadores como Cowen e Gordon, o problema seria na maior parte técnico: as novas tecnologias não seriam tão incríveis assim, pelo menos de uma perspectiva econômica, comparadas a descobertas como a eletricidade ou o motor de combustão interna. Nos termos de Cowen, nós já teríamos colhido "os frutos dos galhos mais baixos", e se não encontrarmos mais, estaremos fadados a um crescimento lento por todo o futuro previsível.

Críticos de esquerda, como Henwood e Dean Baker do Centro de Pesquisa Econômica e Política,[21] localizam nossos problemas não na tecnologia, mas em decisões políticas. Para eles, botar a culpa pela fraca recuperação econômica após a recessão de 2008 na automação é uma distração em relação à questão verdadeira, de que as políticas governamentais não têm sido focadas o suficiente no estímulo fiscal e na criação de postos de trabalho, evitando assim que a economia pudesse atingir o pleno emprego. Preocupações sobre robôs seriam, deste ponto de vista, tanto contrafactuais (porque o crescimento da produtividade está baixo) quanto politicamente reacionárias.

Outros, no entanto, incluindo Brynjolfsson e McAfee, afirmam que mesmo que nenhuma grande descoberta fundamental esteja no horizonte, há muito a se ganhar ao refinar e recombinar as descobertas que nós já assistimos. Este é um padrão histórico comum; muitas novas técnicas que descobrimos durante a Grande Depressão, por exemplo, não foram exploradas economicamente por completo até o *boom* do pós--guerra. Além disso, mesmo as transformações que não se re-

---

[21] N. do T.: *Center for economic and policy research*.

fletem numericamente no Produto Interno Bruto (PIB) podem ainda contribuir com nossa riqueza social – como o gigantesco volume de informações disponível livremente e rapidamente na internet, que aumentou imensamente minha eficiência ao escrever este livro.

Aos críticos da narrativa da automação à esquerda, podemos oferecer uma resposta mais complexa: sua análise está estritamente correta, mas não olha em frente longe o bastante. Isso porque as tendências recentes em produtividade podem também ser lidas como reflexos de uma tensão curiosa entre o equilíbrio de curto prazo e o potencial de longo prazo da economia.

As duas primeiras recessões do século XXI tiveram uma fraca recuperação, caracterizada por salários estagnados e alto desemprego. Nesse contexto, a existência de uma imensa reserva de desempregados e mão de obra barata desestimula os empregadores a automatizar seus processos – afinal de contas, por que substituir um trabalhador por um robô, se o trabalhador é mais barato? Mas um corolário desse princípio é que, se os salários começarem a subir e o mercado de trabalho se comprimir, os patrões vão começar a se voltar às novas tecnologias que estão atualmente sendo desenvolvidas, ao invés de pagar o custo da mão de obra adicional. Como defendo nas sessões seguintes, na atualidade, os verdadeiros impedimentos para mercados de trabalho mais apertados são geralmente políticos, não tecnológicos.

O eterno retorno da automação

Gerações de economistas da linha dominante têm feito a mesma argumentação sobre o suposto perigo que a automação representaria para a mão de obra. Se alguns empregos forem automatizados, eles afirmam, a força de trabalho fica livre para outros novos tipos de trabalho, talvez melhores. Eles apontam para a agricultura, que antigamente ocupava a maior parte da força de trabalho e que agora ocupa apenas algo em torno de 2% dela em um país como os Estados Unidos. O declínio do emprego na agricultura libertou trabalhadores para irem às fábricas compor a grande economia manufatureira industrial da metade do século XX; e a automação subsequente e o crescimento de *offshores*, por sua vez, levou a uma explosão no setor de serviços.

Por que, então, hoje seria diferente? Se um robô tomar o seu emprego, certamente outra atividade já estará no horizonte. Apoiadores desta posição podem apontar para ondas anteriores de ansiedade com a automação, tais como aquela dos anos 1990 que resultaram em trabalhos como *O fim do emprego*, de Jeremy Rifkin, e *O futuro sem empregos*, de Stanley Aronowitz e Bill DeFazio.[22] Ainda em 1948, o matemático e cibernético Norbert Weiner alertava em seu livro *Ciber-*

---

[22] Jeremy Rifkin, *The end of work: the decline of the global labor force and the dawn of the post-market era*, Nova York: Putnam, 1995; Stanley Aronowitz e William DiFazio, *The jobless future: sci-tech and the dogma of work*, Minneapolis: University of Minnesota Press, 1994.

nética que na "segunda revolução industrial cibernética", nós estaríamos nos aproximando de uma sociedade em que "o ser humano médio, de realizações medíocres ou menores, não terá nada para vender que valha o dinheiro de qualquer pessoa".[23] Embora muitos empregos tenham realmente sido perdidos para a automação, e as taxas de desemprego tenham subido e descido com os ciclos de negócios, a crise social de extremo desemprego em massa que muitos destes autores antecipavam nunca chegou.

É claro, esse é o tipo de argumento que só pode ser feito das alturas acadêmicas, enquanto se ignora a dor e as rupturas causadas aos trabalhadores reais que são demitidos, independente deles serem capazes de encontrar um novo trabalho eventualmente. E mesmo alguns membros do *mainstream* suspeitam que dessa vez será realmente diferente. O colunista do *New York Times* e vencedor do Prêmio Nobel Paul Krugman, talvez seja a pessoa mais proeminente a dar voz a essas dúvidas.[24] Mas o problema mais profundo com a análise tradicional é que ela apresenta o processo como uma inevitabilidade científica, quando na verdade estamos falando de uma escolha social e política.

Hoje, a maioria das lutas trabalhistas se voltam para aumentos nos salários e benefícios ou para melhorias nas condições de trabalho; mas até a época da Grande Depressão nos

---

[23] Norbert Wiener, *Cybernetics: or control and communication in the animal and the machine*, Cambridge, MA: MIT Press, 1948, p. 28.

[24] Paul Krugman, *Sympathy for the luddites*, New York Times, 14 de Junho, 2013.

anos 1930, movimentos socialistas e trabalhistas lutaram por – e conquistaram – reduções progressivas na jornada de trabalho. No século XIX, o movimento pelas dez horas abriu caminho para o movimento pelas oito horas de trabalho. Mesmo nos anos 1930, a Federação Americana do Trabalho[25] defendia uma lei que reduzisse as horas semanais de trabalho para 30 horas. Após a Segunda Guerra Mundial, porém, por várias razões, a redução da jornada de trabalho gradualmente desapareceu da agenda trabalhista. A semana de 40 (ou 40 e tantas) horas foi dada como certa, e a questão passou a ser meramente o quão bem remunerada ela seria.

Isso teria surpreendido o economista John Maynard Keynes, que nos anos 1930 especulava que as pessoas nos dias atuais trabalhariam aproximadamente 15 horas semanais, o que significaria trabalhar em torno de um terço da semana de 40 horas de trabalho que ainda é amplamente considerada o padrão. A produtividade desde a época de Keynes mais do que triplicou, então teria sido possível aproveitar esse crescimento na forma de tempo livre para as massas. Isso não aconteceu, e não porque fosse tecnicamente impossível, mas por causa dos resultados das escolhas políticas e das lutas sociais do século XX.

Alguns argumentarão que manter nossa longa jornada de trabalho valeu a pena, porque tornou possível todo o aparato de nosso mundo moderno que Keynes não poderia sequer ter imaginado, como *smartphones*, TVs de tela plana, e a internet. Quando a maioria das pessoas pensa em trabalhar menos horas, elas pensam que terão de sacrificar o aparato da nossa so-

---

[25] N. do T.: *American Federation of Labor*.

ciedade capitalista avançada – coisas que elas apreciam, como seus celulares e suas televisões.

Isso pode ser verdade até certo ponto, dependendo do grau de redução de trabalho de que estivermos falando. Mas reduzir o tempo de trabalho pode também reduzir o custo de vida, porque isso nos daria tempo para fazer coisas que, de outra maneira, precisaríamos pagar alguém para fazer, e reduziria também custos como o do deslocamento, que temos de pagar para ir trabalhar. Além disso, nossa sociedade atual está cheia de empregos que não adicionam nada ao florescimento humano e que existem apenas para enriquecer as contas de outras pessoas – coisas como empresas de empréstimo para estudantes (que não existiram se a educação fosse gratuita) e posições em grandes bancos que facilitam uma especulação perigosa e desestabilizadora.

Em todo caso, se nós decidíssemos tornar a redução da jornada de trabalho uma prioridade social, poderíamos gradualmente reduzir as horas de acordo com os aumentos em produtividade, para que as pessoas pudessem trabalhar cada vez menos, mantendo o mesmo padrão de vida. Embora alguns possam preferir continuar trabalhando mais para acumular cada vez mais coisas, provavelmente muitos não o fariam. Mesmo que nós nunca sejamos capazes de atingir a utopia completa do pós-trabalho, com certeza poderemos nos mover para mais perto dela. Diminuir a jornada de trabalho de 40 para 30 horas semanais nos moveria nessa direção; o mesmo aconteceria se uma renda básica universal, que garantisse um pagamento mínimo para cada cidadão, independente de trabalho ou de quaisquer outras obrigações vinculadas aos planos de bem-estar tradicionais, fosse implementada.

Tecnofilia como uma técnica de distração

Mesmo supondo que, no longo prazo, as questões e possibilidades políticas levantadas pela automação sejam reais, um bom argumento pode ser apresentado sobre como nós precisamos encarar desafios mais significativos no curto prazo. Como vimos anteriormente, o crescimento da produtividade, que nos indica o número de trabalhadores realmente necessários para tocar a economia, tem sido bem fraco nos últimos anos. Além disso, a falta de crescimento de empregos depois de recessões econômicas recentes pode ser atribuída plausivelmente não a robôs, mas a falhas de política governamental.

Isso porque, no curto prazo, a falta de empregos pode ser atribuída não à automação, mas à falta daquilo que é conhecido, no jargão dos economistas, como demanda agregada. Em outras palavras, a razão para que os patrões não estejam contratando mais trabalhadores é porque não há pessoas o bastante comprando seus produtos, e a razão para que as pessoas não estejam comprando seus produtos é porque elas não têm dinheiro o bastante – ou porque elas não têm empregos, ou porque seus salários estão muito baixos.

A solução para essa situação, de acordo com as teorias econômicas keynesianas tradicionais, é que o governo aumente a demanda através de uma combinação de política monetária (baixando taxas de juros), política fiscal (investimento governamental na criação de empregos, por exemplo, através da construção de infraestrutura), e regulação (tal como um salário mínimo mais alto). Embora os governos tenham baixado as taxas de juros após a Grande Recessão de 2008, eles não o fizeram em combinação com um investimento suficiente na criação de empregos, levando a uma "recuperação sem empregos" cujo produto – ou seja, a quantidade de bens e serviços produzidos – lentamente começou a crescer novamente, mas o emprego não retornou aos seus níveis pré-recessão.

Não discordo que os remédios keynesianos tradicionais ainda tenham importância e sejam necessários dentro de seus limites; e compartilho da preocupação de que, em alguns casos, o espectro do futuro robótico seja usado pelo centro e pela direita política para tirar o foco dos problemas imediatos dos desempregados, fazendo o desemprego e subemprego em massa parecerem simplesmente inevitáveis.

Ainda acho, no entanto, que vale a pena falar sobre o que um futuro mais altamente automatizado poderia significar para todos nós. Em parte porque, ao contrário dos céticos, acredito mesmo na possibilidade de tecnologias adicionais que "economizem trabalho" estarem sendo desenvolvidas rapidamente, mesmo que ainda não tenham encontrado seu caminho para dentro da economia a ponto de se refletir nas estatísticas de produtividade. E também porque, mesmo se forem superados os obstáculos mais urgentes das políticas econômicas de austeridade e do estímulo governamental insuficiente, ainda estaremos diante da questão política que temos encarado desde a revolução industrial: será que novas tecnologias de produção levarão a um maior tempo livre para todos, ou permaneceremos trancados em um ciclo em que os ganhos de produtividade beneficiam a poucos, enquanto o resto de nós trabalha mais do que nunca?

O espectro das mudanças climáticas

Até aqui, tenho discutido apenas um dos desafios que citei no início, a ameaça representada pela tecnologia que substitui trabalhadores; mas a segunda, a crise ecológica, é no mínimo tão significativa quanto a primeira para o futuro do capitalismo e da espécie humana. O consenso científico sobre as mudanças climáticas é claro. As emissões carbônicas humanas estão aquecendo a atmosfera, levando à temperaturas mais altas, climas mais extremos, e à crises da falta de água e de outros recursos essenciais. As diferenças de opinião são principalmente sobre quão sérios serão esses efeitos, quão disruptivos serão para a civilização humana, e sobre como (ou até mesmo 'se') será possível nos ajustarmos a essas rupturas.

Muitos leitores, sem dúvida, estarão pensando que isso não esgota os limites do debate, pois existem aqueles que negam por completo a existência de mudanças climáticas causadas por humanos. Essas pessoas certamente existem, e são apoiadas por interesses corporativos e têm defensores proeminentes dentro de grandes partidos políticos. Seria um erro, porém, tomar essas pessoas como proponentes de um debate científico sério. O pequeno grupo marginal de comentaristas e cientistas que promovem teorias negacionistas pode ou não ser sincero em suas afirmações de que perseguem a verdade, mas seus financiadores devem ser considerados cínicos, cujas ações promovem uma agenda adulterada.

Como veremos mais à frente, a questão-chave acerca das mudanças climáticas não é se elas estão ocorrendo, mas ao invés disso, quem sobreviverá a essas transformações. Mesmo nos piores cenários, os cientistas não estão afirmando que a Terra se tornará completamente inabitável. O que acontecerá – e já está acontecendo – é que as lutas por espaço e recursos se intensificarão conforme os habitats se degradam. Neste contexto – e especialmente em conjunto com as tendências tecnológicas discutidas acima – pode ser possível a uma pequena elite continuar poluindo o planeta, protegendo seu próprio conforto, enquanto condena a maior parte da população do mundo à miséria. É essa agenda, e não qualquer engajamento sério com a ciência climática, que coloca titãs corporativos na direção do negacionismo.

Mas nem todos os capitalistas estão comprometidos com o negacionismo. Alguns que reconhecem a magnitude das mudanças climáticas, não obstante, insistem que podemos confiar no funcionamento do livre mercado para gerar soluções. Embora isso não seja totalmente absurdo, é bem enganoso – já que os ecocapitalistas iluminados terminam não sendo realmente tão diferentes dos trogloditas negacionistas.

Eles nos garantem que os empreendedores encontrarão novas tecnologias verdes que nos moverão para longe da dependência dos combustíveis fósseis, sem a intervenção governamental. Em muitos casos, no entanto, essas inovações envolvem soluções verdes de alta tecnologia que são acessíveis apenas para os ricos. Ao mesmo tempo, soluções realmente globais são rejeitadas, mesmo quando, como no caso da taxação de carbono, são soluções ostensivamente "de mercado". As iniciativas exercitadas pelos ecocapitalistas são, por outro lado, projetos fantásticos de "geoengenharia" que tentam manipular o clima, apesar da eficiência incerta e dos efeitos colaterais desconhecidos de tais procedimentos. Como os irmão Koch e sua corja negacionista, os ecocapitalistas estão principalmente preocupados com a preservação das suas prerrogativas e estilos de vida de elite, mesmo se lançam um verniz mais ambientalista sobre essa pauta. Retornaremos a isso tudo no capítulo 4.

Volto agora ao propósito específico deste livro.

A política no comando

Por que, o leitor pode perguntar, seria necessário escrever mais um livro sobre automação e o futuro pós-trabalho? O tópico se tornou todo um subgênero nos últimos anos; Brynjolfsson e McAfee são só um exemplo. Outros incluem *A Ascensão dos Robôs*, de Ford, e artigos de Derek Thompson na *Atlantic*, Farhad Manjoo na *Slate*, e Kevim Drum na *Mother Jones*.[26] Cada um insiste que a tecnologia está rapidamente tornando o trabalho obsoleto, mas eles acenam vagamente para uma resposta ao problema de como garantir que a tecnologia leve à prosperidade compartilhada ao invés de uma desigualdade crescente. No máximo, como Brynjolfsson e McAfee, recaem em tagarelices liberais bem familiares: empreendedorismo e

---

[26] Ford, *Rise of the robots*; Derek Thompson, *A World without work*, Atlantic, Julho/Agosto de 2015; Farhad Manjoo, *Will robots steal your job?*, Slate.com, 26 de Setembro, 2011; Drum, *Welcome robot overlords*.

educação permitirão a todos prosperarmos, mesmo se todos os nossos empregos atuais forem automatizados.

O que está faltando em todas essas narrativas, e aquilo que quero injetar neste debate, é a *política* e, especificamente, a *luta de classes*. Como Mike Konczal do Instituto Roosevelt apontou, essas projeções de um futuro pós-trabalho tendem a ir na direção de um utopismo tecnocrático nebuloso, uma "projeção adiante do fordismo-keynesiano do passado", em que "a prosperidade leva à redistribuição que leva ao tempo livre e ao bem comum".[27] Portanto, embora a transição possa ser difícil em alguns pontos, nós devemos, no fim das contas, ficar contentes com a aceleração dos desenvolvimentos tecnológicos e reafirmar a nós mesmos que tudo será pelo melhor, no melhor dos mundos possíveis.

Esse panorama ignora as características centrais que definem a sociedade em que vivemos atualmente: as relações de classe e de propriedade capitalistas. Quem se beneficia da automação, e quem perde com ela, é, em última análise, uma consequência não dos próprios robôs, mas de quem eles pertencem. Consequentemente, é impossível entender o desenrolar da crise ecológica e os desenvolvimentos na automação sem compreender uma terceira crise através da qual ambas são mediadas, a crise da economia capitalista – nem as mudanças climáticas e nem a automação podem ser compreendidas como problemas (ou soluções) isolados em si mesmos. E o que é tão perigoso é o jeito com que elas se manifestam em uma

---

[27] Mike Konczal, *The hard work of taking apart post-work fantasy*, NextNewDeal.net, 2015.

economia dedicada à maximização de lucros e crescimento, onde o dinheiro e o poder são mantidos nas mãos de uma pequena elite.

A desigualdade crescente de riqueza e de renda no mundo tem se tornado cada vez mais um foco de atenção de ativistas, políticos, e comentaristas na mídia. O *Occupy Wall Street* ressoou fundo com o slogan "nós somos os 99%", chamando atenção para o fato de que quase todos os ganhos do crescimento econômico nas últimas décadas têm sido acumulados por 1% ou menos da população. O economista Thomas Piketty alcançou um sucesso improvável de vendas com *O Capital no século XXI*, seu imenso tratado sobre a história da riqueza e o prospecto de um mundo cada vez mais desigual.[28]

As duas crises que descrevi são, também, fundamentalmente sobre desigualdade. Elas são sobre a distribuição de escassez e de abundância, sobre quem pagará o preço do dano ecológico e sobre quem desfrutará os benefícios de uma economia automatizada altamente produtiva. Existem maneiras de lidar com o impacto humano sobre o clima da Terra, e existem maneiras de garantir que a automação traga prosperidade material para todos, ao invés de empobrecimento e desespero para a maioria. Mas esses futuros possíveis vão exigir um tipo de sistema econômico bem diferente daquele que se tornou globalmente dominante no final do século XX.

---

[28] Thomas Piketty, *Capital in the twenty-first century*, trans. Arthur Goldhammer, Cambridge, MA: Harvard University Press, 2014.

Quatro futuros

Em sua meditação de três horas sobre a representação de Los Angeles no filme *Los Angeles interpreta a si mesma*, o erudito cineasta Thom Andersen sugere que "se podemos apreciar documentários pelas suas qualidades dramáticas, talvez também possamos apreciar filmes de ficção por suas revelações documentais".[29] Este livro tenta incorporar essa sacada.

Este não é bem um trabalho normal de não-ficção, mas também não é ficção, eu me colocaria no gênero de "futurismo". É uma tentativa de usar as ferramentas das Ciências Sociais em combinação com as ferramentas da ficção especulativa para explorar o espaço de possibilidades em que nossos futuros conflitos políticos vão se desenrolar – um tipo de "ficção científica social".

Um jeito de diferenciar ciência social de ficção científica é que a primeira é sobre descrever o mundo que existe, enquanto que a segunda e a especulação sobre um mundo que pode vir a existir. Mas, na verdade, ambas são uma mistura de imaginação e investigação empírica, misturadas de maneiras diferentes. Ambas tentam compreender fatos empíricos e experiências vividas como algo que é formado por forças estruturais abstratas – e não diretamente perceptíveis.

Certos tipos de ficção especulativa são mais sintonizadas do que outras às particularidades da estrutura social e da economia política. Em *Star Wars*, você não se importa de verdade

---

[29] Thom Andersen, *Los Angeles plays itself*, Thom Andersen Productions, 2003.

com os detalhes da economia política galáctica – e quando o autor tenta dar corpo a isso, como George Lucas fez na tão ridicularizada trilogia *prequel* de *Star Wars*, isso apenas atrapalha a história. Já em um universo como o de *Star Trek*, por outro lado, estes detalhes realmente importam. Muito embora *Star Wars* e *Star Trek* possam superficialmente parecer fábulas similares de viagem espacial e heroísmo, são tipos fundamentalmente diferentes de ficção. A primeira existe apenas pelos seus personagens e sua narrativa mítica, enquanto que a segunda pretende enraizar seus personagens em um mundo social estruturado de maneira rica e lógica.

Isso está relacionado a (e transcende) uma distinção que costuma ser feita entre fãs de ficção científica, entre a ficção científica "dura" e a "leve". A primeira seria supostamente mais plausível através de seu embasamento nas ciências atuais. Essa distinção, no entanto, reflete o viés da base de fãs tradicionais e sua fetichização das ciências naturais. A distinção mais importante, como mencionei a pouco, é entre histórias que levam a sério a construção de seu mundo, e aquelas que não o fazem. Aquilo que é chamado de ficção científica "leve" geralmente se trata de histórias de aventura no estilo *Star Wars*, e de vez em quando faz um uso bem mais rico das ciências sociais; ao mesmo tempo, muito do que supostamente seriam suas contrapartes mais "duras" detalham exegeses de física junto a compreensões ingênuas ou totalmente convencionais sobre relações sociais e o comportamento humano. A série de romances *Fall Revolution* [Revolução do outono], de Ken MacLeod, que conta uma história sobre convulsões políticas e colonização espacial, se baseia em sua compreensão de economia política marxista e em seus antecedentes pessoais no movimento socialista escocês dos anos 1970. É essa base, ao invés de qualquer sacada específica sobre a física das viagens espaciais ou da terraformação marciana, o que dá a esses romances a sua "dureza".

A ficção especulativa como uma ferramenta de análise e crítica social vem desde *A Máquina do Tempo*, de H. G. Wells – ou até mesmo de *Frankenstein*, de Mary Shelley – mas esse campo têm se enriquecido especialmente nos últimos tempos. Na cultura popular, isso pode ser visto no enorme sucesso de ficções distópicas juvenis como *Jogos Vorazes* e *Divergente*. Embora tais histórias sejam alegorias relativamente transparentes da sociedade de classes em que vivemos, não é difícil encontrar outras que têm forçado ainda mais os limites do gênero, especulando sobre as implicações futuras das tendências atuais. A interação entre o real e o potencial se manifesta de forma mais potente nas ficções de futuro próximo, daqueles autores que colocam suas histórias apenas alguns passos à frente do presente, como William Gibson em sua série de romances do início do século XXI (*Reconhecimento de Padrões*, *Território Fantasma*, *História Zero*) ou Cory Doctorow em *Homeland* [Pátria] e em *Walkaway* [Fuga]. O significado da tecnologia da informação, automação, vigilância, destruição ecológica – temas que ecoarão por todo este livro – são recorrentes nestes romances.

As implicações políticas de diferentes mundos imaginados também começaram a ser colocadas em debate. Charles Stross é um autor de ficção científica social e um blogueiro frequente em um modo mais social-científico. Ele tem criticado especialmente o *steampunk*, descrevendo como esse subgênero apresenta um tipo de século XIX idealizado, cheio de zepelins e engenhocas-a-vapor, mas encobre as principais relações sociais daquela era: a miséria *dickensiana* da classe trabalhadora e os horrores do colonialismo. Stross, e outros como Ken MacLeod e China Miéville, têm usado ficções sobre futuro, passado e mundos alternativos para pintar um quadro mais completo sobre conflitos sociais e de classe.

Futuros ficcionais são, na minha visão, preferíveis àqueles trabalhos de "futurismo" que tentam predizer diretamente o futuro, obscurecendo as suas inerentes incertezas e contingências e, desse modo, fazendo o leitor de idiota. Dentro das áreas discutidas neste livro, um futurista paradigmático seria alguém como Ray Kurzweil, que prediz de forma confiante que em 2049 os computadores terão atingido inteligência semelhante à humana, com todo tipo de transformações globais consequentes.[30] Tais prognósticos geralmente terminam não sendo convincentes como profecias e nem satisfatórios como ficção. A ficção científica está para o futurismo como a teoria social está para a teoria da conspiração: um empreendimento completamente mais rico, mais honesto e mais humilde. Ou, para colocar de outra forma, é sempre mais interessante ler uma explicação que deriva do geral para o particular (teoria social) ou do particular para o geral (ficção científica), ao invés de tentar ir do geral para o geral (futurismo) ou do particular para o particular (conspiracionismo).

Rosa Luxemburgo, a grande teórica e organizadora socialista do início do século XX, popularizou um slogan: "a so-

---

[30] Ray Kurzweil, *The singularity is near: when humans transcend biology*, Nova York: Penguin, 2005.

ciedade burguesa se encontra em uma encruzilhada, ou entra em transição para o socialismo ou regride para a barbárie".[31] Isso é mais verdadeiro hoje do que nunca. Neste livro, vou sugerir não apenas dois, mas quatro possíveis resultados – dois socialismos e duas barbáries. Os quatro capítulos que seguem podem ser pensados como aquilo que o sociólogo Max Weber chamava de "tipos ideais": modelos puros e simplificados de como a sociedade pode ser organizada, desenhados para iluminar algumas questões-chave que nos confrontam hoje e que nos confrontarão no futuro – parte ciência social, parte ficção científica. A vida real, é claro, é sempre muito mais complicada, mas o ponto de um tipo ideal é focar em questões específicas, colocando outros aspectos de lado.

O objetivo é desenvolver uma compreensão do momento presente e mapear os possíveis futuros à frente, de maneira estilizada. A suposição básica é que a tendência rumo a uma automação crescente continuará em todos os domínios da economia. Além disso, não levantarei a hipótese abordada pela maioria dos economistas do século XX: de que mesmo que alguns empregos sejam eliminados pela mecanização, o mercado automaticamente gerará novos empregos para compensar as perdas.

No espírito de trabalhar com tipo ideais, farei a suposição mais forte possível: que toda a necessidade de trabalho humano no processo produtivo poderia ser eliminada, e que seria possível viver uma vida de "puro tempo livre" enquanto

---

[31] Rosa Luxemburgo, *The junius pamphlet: the crisis in the german social democracy*, Marxists.org, 1915.

as máquinas fazem todo o trabalho. De fato, isso não é logicamente possível, se estivermos imaginando um mundo onde as máquinas nos servem, ao invés de nos controlar, como aquelas no filme *Matrix*. Teremos de fazer pelo menos um pouco de trabalho para administrar e manter as máquinas.

No entanto, deixo de fora todo o trabalho humano para evitar me emaranhar no debate que tem sempre atormentado a esquerda desde a Revolução Industrial: como uma sociedade pós-capitalista administraria o trabalho e a produção, na ausência de chefes capitalistas com o controle sobre os meios de produção. Este é um debate importante (que ainda está em curso), mas as questões que me preocupam ficarão mais claras se eu puder deixá-lo de lado. Assim, a constante na minha equação é que a mudança tecnológica tende para a automação perfeita.

Se a automação é a constante, a crise ecológica e o poder de classe são as variáveis. A questão ecológica trata, mais ou menos, de quão ruins serão os efeitos da mudança climática e o esgotamento de recursos. No melhor cenário, a transição para energias renováveis se combinará com novos métodos para melhorar e reverter essas mudanças, e será possível usar toda a nossa tecnologia robótica para fornecer um alto padrão de vida para todos. O espectro, em outras palavras, vai da escassez à abundância.

A questão do poder de classe se resume a como acabaremos lidando com as massivas desigualdades de riqueza, de renda, e de poder político do mundo de hoje. Se os ricos forem capazes de manter seu poder, viveremos em um mundo onde eles desfrutam dos benefícios da produção automatizada, enquanto o resto de nós paga o preço da destruição ecológica – isso se pudermos sobreviver. Se formos capazes de nos mover em direção a um mundo de maior igualdade, então o futuro será caracterizado por uma combinação de sacrifício e prosperidade compartilhados, dependendo de onde estivermos na outra dimensão ecológica.

Portanto, o modelo postula que podemos terminar em um mundo de escassez ou de abundância; de hierarquia ou de igualdade. Isso gera quatro possíveis combinações, que podem ser montadas como uma tabela de 2×2:

	Abundância	**Escassez**
Igualdade	Comunismo	Socialismo
Hierarquia	Rentismo	Exterminismo

Há precedentes para um exercício como este: uma tipologia semelhante pode ser encontrada em um artigo de 1999 de Robert Costanza em *The Futurist*. Há quatro cenários: *Star Trek*, Grande Governo, *Ecotopia*, e *Mad Max*.[32] Para Costanza, porém, os dois eixos são a "visão de mundo e política" e o "verdadeiro estado do mundo". Deste modo, as quatro caixas são preenchidas de acordo com o quanto as preferências ideológicas humanas corresponderiam à realidade: no cenário do Grande Governo, por exemplo, o progresso seria restrito por padrões de segurança porque os "céticos tecnológicos" negariam a realidade de recursos ilimitados.

Minha contribuição a este debate é enfatizar o significado do *capitalismo* e da *política*. Tanto a possibilidade de limites

---

[32] Robert Costanza, *Will it be Star Trek, Ecotopia, Big government, or Mad Max?*, The Futurist 33: 2, 1999, p. 2.

ecológicos quanto as restrições políticas de uma sociedade de classes são, nesta visão, restrições "materiais", e a interação entre elas é o que determinará nosso caminho adiante.

A existência do capitalismo como um sistema de poder de classe, com uma elite dominante que tentará preservar a si mesma em qualquer futuro possível, é, portanto, um tema central e estruturante deste livro, um tema que acredito estar ausente de quase todas as outras tentativas de entender a trajetória de uma economia pós-industrial altamente automatizada. Os avanços tecnológicos dão um contexto para as transformações sociais, mas eles nunca as determinam diretamente; as mudanças sempre são mediadas pelas lutas pelo poder entre massas de pessoas organizadas. A questão é quem vence e quem perde, e não, como colocariam autores tecnocratas como Costanza, quem teria a visão "correta" da natureza objetiva do mundo.

Assim, para mim, esboçar múltiplos futuros é uma tentativa de deixar espaço para aquilo que é político e contingente. Minha intenção não é afirmar que um futuro aparecerá automaticamente através do funcionamento mágico de fatores técnicos e ecológicos que surgem como algo exterior ao sistema mas, ao invés disso, é insistir que independente de onde chegarmos o resultado virá da luta política. A intersecção de ficção científica e política atualmente está, muitas vezes, associada à direita "libertária" e suas fantasias tecno-utópicas, repletas de determinismo. Espero aqui reivindicar a longa tradição da esquerda de misturar especulação imaginativa com economia política.

O ponto de partida de toda a análise é a certeza de que o capitalismo *vai acabar*, e que, como disse Luxemburgo diante da I Guerra Mundial, ou a sociedade "entra em transição para o socialismo, ou regride para a barbárie". Portanto, este experimento mental é uma tentativa de avaliar os socialismos que podemos alcançar se uma esquerda ressurgente tiver sucesso, e a barbárie a qual podemos estar condenados se falharmos.

Isso não significa se engajar na escatologia secular que estabelece uma data segura para o fim do capitalismo – muitos socialistas e pregadores apocalípticos têm cometido esse erro. É simplista demais pensar em finais distintos em qualquer caso; rótulos para sistemas sociais como "capitalismo" e "socialismo" são abstrações, e nunca existe um momento singular quando podemos dizer definitivamente que um se torna o outro. Minha visão está mais próxima da do sociólogo Wolfgang Streeck:

> A imagem que tenho do fim do capitalismo – um fim que acredito já estar à caminho – é de um sistema social em desmantelamento crônico, por razões que lhe são próprias, independentemente [da existência de] uma alternativa viável. Embora não possamos saber exatamente quando e como o capitalismo vai desaparecer e o que virá em seguida, o que importa é que não há nenhuma força disponível que pudesse reverter as três tendências destrutivas – a queda do crescimento, a desigualdade social e a instabilidade financeira – e impedi-las de se reforçarem mutuamente.[33]

---

[33] Wolfgang Streeck, *How will capitalism end?*, New Left Review 2: 87, 2014, p. 47.

Cada um dos quatro capítulos que se seguem é dedicado a um dos quatro futuros: comunismo, rentismo, socialismo e exterminismo. Além de esboçar um futuro plausível, cada um desses quatro capítulos enfatiza um tema-chave que é relevante para o mundo em que vivemos hoje, que assumiria uma importância especial naquele futuro específico.

O capítulo sobre comunismo se aprofunda na forma em que construiremos sentido quando a vida não estiver centrada em torno do trabalho assalariado, e sobre quais tipos de hierarquias e conflitos surgiriam em um mundo não mais estruturado pela narrativa chave do capitalismo. A descrição do rentismo é, em grande parte, uma reflexão sobre propriedade intelectual e o que acontece quando a forma da propriedade privada é aplicada a cada vez mais padrões e conceitos imateriais que orientam a nossa cultura e economia. A narrativa do socialismo é sobre a crise climática e nossa necessidade de adaptação a ela, mas também sobre como a maneira com que alguns velhos esquerdistas se agarram a noções sobre a natureza e o mercado nos impede de ver que nem a fetichização do mundo natural e nem o ódio ao mercado são necessariamente suficientes, ou mesmo relevantes, para tentar construir um mundo ecologicamente estável para além do capitalismo. Finalmente, o conto do exterminismo é a história da militarização do mundo, um fenômeno que engloba tudo desde a guerra sem fim no Oriente Médio até os adolescentes negros sendo assassinados pela polícia nas ruas de cidades norte-americanas.

Nós já estamos nos distanciando rapidamente do capitalismo industrial como nós o entendemos no século XX, e a chance de poder caminhar de volta àquela direção é pequena.

Estamos seguindo rumo a um futuro incerto. Espero fornecer um contexto amplo para ele, mas não quero criar nenhum senso de certeza. Sigo David Brin, que tanto escreveu ficção científica quanto recebeu o rótulo de "futurista", quando disse que estava "muito mais interessado em explorar possibilidades do que probabilidades, porque muito mais coisas podem acontecer do que realmente acontecem".[34]

A importância de se avaliar possibilidades ao invés de probabilidades é que isso coloca no centro a nossa ação coletiva, enquanto que fazer previsões confiantes apenas encoraja a passividade. No mesmo ensaio, Brin cita o livro 1984, de George Orwell, como uma "profecia de auto prevenção", que ajudou a evitar a concretização do cenário que descreve. Sob a luz da Guerra ao Terror e das revelações do ex-analista da Agência de Segurança Nacional (NSA), Edward Snowden, sobre a vigilância generalizada realizada pela agência, alguém pode questionar o quão autopreventiva foi aquela profecia especificamente, mas o ponto em geral se mantém.

Se esse livro contribuir um pouco para prevenir os futuros opressivos aqui descritos, e para tornar autorrealizáveis as suas alternativas igualitárias, então terá servido ao seu propósito.

---

[34] David Brin, *The self-preventing prophecy: or how a dose of nightmare can help tame tomorrow's perils*, em Abbott Gleason, Jack Goldsmith, e Martha C. Nussbaum, eds., *Nineteen Eighty-Four: Orwell and our future*, Princeton, NJ: Princeton University Press, 2010, p. 222.

Comunismo: igualdade e abundância

O primeiro romance de Kurt Vonnegut, *Revolução no futuro*, descreve uma sociedade que, superficialmente, parece uma utopia pós-trabalho, onde as máquinas libertaram os humanos da fadiga da labuta. Para Vonnegut, contudo, essa sociedade está longe de ser uma utopia. Ele descreve um futuro no qual a produção seria quase inteiramente executada por máquinas, supervisionadas por uma pequena elite tecnocrática. Do ponto de vista econômico, todas as outras pessoas seriam essencialmente supérfluas, mas a sociedade seria rica o bastante para fornecer uma vida confortável a todos.

Em um trecho, Vonnegut se refere a essa condição como uma "segunda infância", que ele não vê como uma conquista, mas como um horror. Para ele, e para os protagonistas do romance, o maior perigo de uma sociedade automatizada é o risco dela despojar a vida de todo o seu significado e dignidade. Se a maioria das pessoas não estiver diretamente engajada na produção para satisfazer as necessidades vitais elas inevitavelmente cairão em torpor e desespero.

Em alguns pontos o romance de 1952 ficou claramente datado. Tanto no mundo capitalista quanto no mundo comunista, essa era a época do alto industrialismo, baseado na fábrica gigante e na linha de montagem. E, para ser franco, a economia atual ainda depende deste tipo de produção em escala massiva, mais do que muita gente percebe. Vonnegut não considera a possibilidade da produção se tornar menos centralizada – e, portanto, menos dependente de uma elite gerencial – sem recair em formas de produção menos eficientes e mais intensivas em mão de obra. Tecnologias como a impressão 3D (e, nesse sentido, o computador pessoal) apontam nessa direção.

Além disso, a noção de que o significado social deveria advir do trabalho assalariado "produtivo", está profundamente enraizada em noções patriarcais de um homem, chefe de família, que sustenta a casa. Há, ao longo do livro, uma constante confusão entre o trabalho que é recompensado com prestígio social – ao ser considerado como um "trabalho" e remunerado com um salário – e o trabalho que é materialmente necessário no sentido de que reproduz a sociedade e assegura as condições da vida. As mulheres do livro continuam a desempenhar o trabalho emocional e de cuidados, sem remuneração, que sempre foi esperado delas – e Vonnegut parece não se interessar se esse trabalho seria importante ou se representaria uma fonte de significado para elas.

O protagonista de *Revolução no futuro* é Paul Proteus, um gerente de fábrica muito bem visto que se torna um desiludido crítico do sistema. No final do livro, ele ajuda a elaborar um manifesto que clama pelo retrocesso da automação, alegando que "os homens, pela sua natureza, aparentemente não podem ser felizes a não ser que se envolvam em iniciativas que os façam se sentir úteis".[35] Ao longo de todo o romance, Anita, a

---

[35] Kurt Vonnegut, *Player piano*, Nova York: *Charles Scribner's Sons*, 1952, p. 302.

esposa de Paul, esteve envolvida com algo aparentemente útil – isto é, compensando a inépcia social de Paul e dando suporte à sua autoconfiança. Em resposta ao fracasso de Paul em interpretar corretamente as dicas de um superior em relação a uma nova atribuição no trabalho, Anita argumenta que as mulheres "possuem uma percepção das coisas que os homens não possuem".[36] Talvez, se os homens pudessem aprender essas percepções, eles também poderiam aprender a fornecer formas de trabalho útil que ainda não podem ser automatizados; porém, essas habilidades não são levadas em conta na noção de trabalho produtivo que Vonnegut associa com a plena humanidade, ou pelo menos com a plena masculinidade. Isso dá uma indicação do que realmente está se passando, e é como Vonnegut já nos disse: os homens não querem realmente ser úteis, eles simplesmente querem se "sentir" úteis. O problema da automação acaba sendo uma crise dos sentimentos masculinos.

Talvez seja por isso que tantos dos receios de Vonnegut sobre a automação permanecem com preocupações intratáveis, afligindo nossos discursos econômicos e nossa cultura popular. Mesmo quando odiamos nossos empregos, às vezes ainda nos apoiamos neles como fontes de identidade e de valor social. Muitas pessoas não conseguem imaginar um mundo para além do trabalho como qualquer coisa que não seja um cenário de devassidão e preguiça. WALL-E, a animação de 2008, por exemplo, retrata um mundo onde todos os seres humanos deixaram para trás uma Terra em ruínas e passaram a levar vidas de lazer em naves totalmente automatizadas. O simpático

---

[36] Ibid., p. 61.

protagonista do filme é um robô consciente, deixado na Terra para separar lixo – em outras palavras, é um trabalhador. Os humanos, em contraste, são grotescos – paródias obesas e entorpecidas do consumismo.

Para que seja possível imaginar um mundo totalmente pós-escassez como uma utopia, é necessário imaginar as fontes de significado e de propósito em um mundo onde não sejamos definidos pelo nosso trabalho remunerado. Antes disso, porém, vamos examinar como uma sociedade comunista como essa se encaixa em nossos eixos de hierarquia *versus* igualdade, escassez *versus* abundância.

Cozinhas do futuro

Embora seja mais conhecido como o autor do *Manifesto comunista*, Karl Marx relutava em se aprofundar sobre o conteúdo de como seria uma sociedade comunista. Às vezes, falava do período de transição socialista em que os trabalhadores assumiriam e administrariam o maquinário de produção existente, mas esse não era o que ele imaginava como seu objetivo político final. Esse objetivo era o *comunismo*, algo que transcenderia o trabalho e o lazer, algo que iria muito além do mundo como o entendemos. Marx pensava que seria uma tolice se aprofundar no aspecto que uma sociedade comunista poderia ter – algo como escrever receitas "para as cozinhas do futuro".[37] Ele

---

[37] Karl Marx, Prefácio à segunda edição em *O Capital, volume I*, Marxists.org, 1873.

acreditava que a História é feita pelos movimentos das massas e não por teóricos em suas poltronas.

Há momentos, entretanto, nos quais Marx se permite especular em termos mais gerais. No terceiro volume de *O Capital*, ele distingue entre um "reino da necessidade" e um "reino da liberdade". No reino da necessidade, precisamos "lutar com a natureza para satisfazer [nossos] desejos, para manter e reproduzir nossa vida" por meio do trabalho físico na produção.[38] Esse reino da necessidade, diz Marx, existe "em todas as formações sociais e sob todos os possíveis modos de produção", incluindo o socialismo.[39] O que distinguiria o socialismo do capitalismo, então, é que no primeiro a produção seria planejada racionalmente e organizada democraticamente, ao invés de ser executada sob os caprichos do capitalista ou do mercado. Para Marx, contudo, esse nível de desenvolvimento social não seria o objetivo real da revolução, mas apenas uma pré-condição para "o desenvolvimento da energia humana que é um fim em si mesmo, o verdadeiro reino da liberdade, que, no entanto, só pode florescer tendo este domínio de necessidade como sua base".[40]

A razão pela qual essa breve passagem é importante é que ela fornece uma abordagem totalmente diferente da política pós-capitalista que foi ensinada a muitos de nós. Aqueles de nós que foram introduzidos a Marx em uma sala de aula, pro-

---

[38] Karl Marx, *The Trinity Formula* em *O Capital, volume III*, Marxists.org, 1894.
[39] Ibid.
[40] Ibid.

vavelmente ouviram que ele venerava o trabalho e que acreditava que era apenas através da labuta que os seres humanos se definiam e se realizavam verdadeiramente. E, em alguns lugares, ele diz algo semelhante a isso, embora geralmente pareça se referir ao valor da auto atividade intencional em geral, ao invés do fenômeno mais estreito de se fazer algo para alguém em troca de um salário.

Na passagem citada, Marx está dizendo algo diferente: o trabalho tem sido, ao longo da história humana, uma infeliz necessidade. É importante manter as luzes acesas, e às vezes isso requer trabalho – mas manter as luzes acesas não é o que nos faz humanos. É apenas uma necessidade que podemos e devemos transcender se quisermos ser verdadeiramente livres. A liberdade começa onde o trabalho termina – o reino da liberdade é depois da jornada laborativa, no fim de semana, nas férias e não no trabalho. E isso permanece verdadeiro, seja trabalhando para um chefe capitalista ou para uma cooperativa de trabalhadores. O espaço de trabalho ainda é o reino da necessidade, não o reino da liberdade.

Em outra ocasião, Marx sugere que um dia poderemos até mesmo nos libertar completamente do reino da necessidade. Em *Crítica do Programa de Gotha*, ele escreve:

> Numa fase superior da sociedade comunista, quando tiver desaparecido a escravizante subordinação do indivíduo à divisão do trabalho, e com ela também a antítese entre o trabalho mental e o físico; quando o trabalho tiver se tornado não um meio de vida, mas a necessidade fundamental da vida; quando as forças produtivas tiverem crescido com o desenvolvimento geral do in-

divíduo; quando todas as fontes de riqueza cooperativa fluírem mais abundantemente – só então o horizonte estreito do direito burguês poderá ser completamente ultrapassado, podendo a sociedade inscrever em suas bandeiras: 'De cada qual, segundo sua capacidade; a cada qual, segundo suas necessidades'.[41]

A maioria de nós está tão acostumada às relações capitalistas de produção que é difícil até mesmo imaginar indivíduos que não estejam subordinados à "divisão do trabalho". Estamos acostumados a ter patrões que elaboram planos e depois nos instruem para executá-los; o que Marx está sugerindo é que seria possível apagar as barreiras entre aqueles que fazem planos para seu próprio benefício e aqueles que os executam – o que significaria, é claro, apagar a distinção entre aqueles que administram os negócios e aqueles que os operam.

Porém, isso também significa algo ainda mais radical: apagar a distinção entre o que conta como um negócio e o que conta como uma atividade de lazer coletivo. Somente nessa situação podemos descobrir que "o trabalho tornou-se não somente um meio de vida, mas a primeira necessidade vital". Nesse caso, o trabalho já não seria um trabalho, mas aquilo que de fato escolhemos fazer com o nosso tempo livre. A partir de então poderíamos todos obedecer à recomendação "faça o que você ama" – não como uma apologia desonesta pela aceitação da exploração, mas como uma descrição real do estado da existência. Essa é a visão de um Marx como filósofo

---

[41] Karl Marx, Parte 1 em *Crítica do programa de Gotha*, Marxists. org, 1875.

chapado: *faça o que você quiser, cara* (de cada um segundo suas capacidades) *e tudo vai ficar legal* (a cada um segundo suas necessidades).

Críticos de Marx muitas vezes têm usado essa passagem contra ele, retratando-a como uma utopia irremediavelmente improvável. Que sociedade real seria capaz de ter tanta produtividade a ponto de os seres humanos estarem completamente liberados de realizar algum tipo de trabalho involuntário e desagradável? Na introdução sugeri a possibilidade de uma automação generalizada que pudesse decretar tal libertação ou, pelo menos, nos aproximar dela – se, é claro, encontrarmos uma maneira de lidar com a necessidade de assegurar recursos e energia sem causar danos ecológicos catastróficos.

Avanços tecnológicos recentes têm ocorrido não apenas na produção de mercadorias, mas também na geração da energia necessária para operar as fábricas automáticas e impressoras 3D do futuro. Assim, um possível futuro pós-escassez combinaria tecnologias de economia de mão de obra com uma alternativa ao atual regime energético – que está, em última instância, limitado tanto pela escassez física quanto pela destruição ecológica causada pelos combustíveis fósseis. Essas condições passam longe de estarem garantidas, mas há indicadores promissores sobre a nossa capacidade de estabilizar o clima, encontrar fontes de energia limpa e usar recursos com sabedoria, que serão discutidos mais adiante no capítulo 3.

Com o problema da escassez resolvido ficaríamos todos por aí, largados em dissipação e torpor, como em WALL-E? Não se, como dizia Marx, "o trabalho for somente um meio de vida, mas a primeira necessidade vital". Quaisquer que fossem as atividades e projetos em que tomássemos parte, participaríamos deles porque os acharíamos inerentemente satisfatórios e não porque precisássemos de um salário ou porque devêssemos nossas horas mensais à cooperativa. Isso já não é tão implausível em muitas áreas, considerando o grau com que as decisões sobre o trabalho já são guiadas por considerações não materiais, entre aqueles que são privilegiados o bastante para poder escolher: milhões de pessoas decidem se tornar professores ou assistentes sociais, ou iniciar pequenas plantações orgânicas, mesmo quando carreiras muito mais lucrativas estariam abertas a eles.

O fim do trabalho assalariado hoje pode parecer um sonho distante, mas já foi o sonho da esquerda. O movimento trabalhista costumava exigir menos horas de trabalho, ao invés de salários mais altos. As pessoas esperavam que o futuro se parecesse com o desenho animado *Os Jetsons*, cujo protagonista trabalha duas horas por semana, e na verdade elas se preocupavam com o que as pessoas fariam depois de serem libertadas do trabalho. No ensaio *Possibilidades econômicas para nossos netos*, John Maynard Keynes previu que dentro de poucas gerações, "os homens se depararão com seu verdadeiro e permanente problema – como usarão sua liberdade em relação às preocupações econômicas, como ocuparão seu tempo livre, quais ciências e quais combinações de interesses os conquistarão, para que possam viver de maneira sábia, agradável e boa".[42]

---

[42] John Maynard Keynes, *Economic possibilities for our grandchildren*, (1930), em *Essays in persuasion*, Whitefish, MT: Kessinger Publishing, 2010, pp. 358-73.

Em uma discussão de 1956, o filósofo marxista Max Horkheimer começa a debater casualmente com seu camarada Theodor Adorno que "hoje em dia temos o suficiente em termos de forças produtivas; é óbvio que poderíamos abastecer o mundo inteiro com bens e então poderíamos tentar abolir o trabalho como uma necessidade para os seres humanos".[43]

Trabalho e significado

Superar o trabalho assalariado economicamente também significa superá-lo socialmente, o que implica mudanças profundas em nossas prioridades e em nosso estilo de vida. Como nos dias de Vonnegut, há aqueles que argumentam que mesmo que um futuro totalmente automatizado seja possível, não seria desejável. Eles acham que o significado inerente do trabalho é o melhor argumento contra a automação e apontam para estudos mostrando que o desemprego tem graves implicações psicológicas e de saúde para os desempregados, como evidência do valor positivo do trabalho para além do que o salário lhe confere.

É importante ter em mente que quando falamos de "trabalho" no contexto de uma sociedade capitalista, isso pode significar três coisas diferentes. Pode ser a forma como ganhamos o dinheiro de que precisamos para sobreviver; pode ser alguma atividade que é necessária para a continuação da existência de nossa sociedade; e pode ser alguma atividade que achamos satis-

---

[43] Theodor Adorno and Max Horkheimer, *Towards a new Manifesto*, Nova York e Londres: Verso Books, 2011, pp.30-31.

fatória, porque dá propósito e significado para nossas vidas. Para alguns poucos afortunados, pode ser todos os três. Mas para muitos de nós, é simplesmente a forma como ganhamos um salário, algo de que gostaríamos de nos ver livres se pudéssemos – como nos mostra o mercado de bilhetes de loteria, populares mesmo entre aqueles com empregos supostamente "bons".

Considere um estudo de três economistas da Universidade Livre de Berlim, que sugere uma realidade mais complicada por detrás das afirmações de que o trabalho assalariado seria uma fonte necessária de dignidade ou de significado para uma pessoa.[44] Em um resumo de suas descobertas para uma audiência geral, eles começam por aparentemente validar a perspectiva do consenso, observando que "as pessoas se adaptam surpreendentemente bem às mudanças em suas vidas", mas a infelicidade produzida pelo desemprego é uma exceção: "a satisfação de vida do desempregado não se recupera mesmo depois de estar desempregado por um longo tempo".[45]

Os autores passam a se perguntar, então, por que os desempregados são tão persistentemente infelizes e, ao fazê-lo, esclarecem uma ambiguidade que sempre surge quando são discutidos os efeitos do desemprego. O desemprego é ruim para as pessoas porque a experiência de trabalhar é boa para elas, ou porque o desemprego carrega um poderoso estigma

---

[44] Clemens Hetschko, Andreas Knabe, e Ronnie Schöb, *Changing identity: retiring from unemployment*, Economic Journal 124: 575, 2014, pp. 149–66.

[45] Clemens Hetschko, Andreas Knabe, and Ronnie Schöb, *Identity and wellbeing: how retiring makes the unemployed happier*, VoxEU.org, 2012.

social? (A questão deixa de lado, é claro, a razão mais óbvia para o desagrado em estar desempregado – estar falido).

Para determinar por que o desemprego é ruim para as pessoas, eles examinam a mudança na satisfação de vida relatada pelos alemães que saem do desemprego para se tornar aposentados. Os autores observam que "entrar na aposentadoria provoca uma mudança na categoria social, mas não muda nada nas vidas dos desempregados de longa duração". No entanto, eles acham que a mudança de ser um desempregado para ser um aposentado traz um imediato e dramático aumento da felicidade, mesmo quando se estabelece um controle por outros fatores, demonstrando assim o "quão fortemente os desempregados de longa duração se beneficiam com a mudança de sua categoria social ao se aposentar e o alívio associado a não ter mais de cumprir a norma social de estar empregado".[46]

Os desempregados tornam-se mais felizes, tão logo deixam de pensar em si mesmos como trabalhadores. Este resultado sugere que o dano causado pelo desemprego tem muito a ver com a maneira como nós, como sociedade, consideramos os desempregados. Tratamos o trabalho assalariado como uma marca segura do valor de uma pessoa, mesmo que essa convicção não tenha uma lógica coerente.

Alguns que podem aceitar esse argumento ainda defenderão que o problema com a transcendência do trabalho é que algumas coisas simplesmente não deveriam ser automatizadas, porque fazê-lo seria inaceitavelmente desumanizante ou degradante para a nossa sociedade, de alguma forma. Em outras

---

[46] Ibid.

palavras, uma coisa é automatizar uma fábrica têxtil, mas a perspectiva de enfermeiras-robô e computadores de diagnóstico substituindo empregos de cuidados em saúde horroriza muitas pessoas. Reagindo à possibilidade do fornecimento de cuidados aos idosos por robôs, a socióloga Zeynep Tufekci considera o processo "desumano".[47] Mas, no fim, é principalmente a adoção de máquinas sob condições capitalistas o que ela contesta, o medo de que essa automação só produza desemprego e miséria. Escrevi este livro para argumentar que outro caminho é possível.

Tufekci levanta um ponto importante, entretanto. O trabalho de cuidados como a enfermagem é predominantemente realizado por mulheres e, não coincidentemente, subvalorizado e mal pago. Talvez, portanto, o perigo seja menos o risco de que esse trabalho seja automatizado, mas sim que ele não o seja, e que a mão de obra feminina mal remunerada acabe sendo tudo o que restará do trabalho assalariado. Algumas partes da prestação de cuidados, a troca de fraldas e limpeza de penicos e comadres, são o tipo de trabalho desagradável que parece ideal para a automação, mas muitas pessoas idosas dependem de uma enfermeira para conexão emocional, tanto quanto para sua manutenção física.

Ainda assim, mesmo alguns dos aspectos emocionalmente mais complexos do trabalho de cuidadores não estão imunes à substituição – se as pessoas encontram conforto emocional em animais não-sencientes, por que não o encontrariam em

---

[47] Zeynep Tufekci, *Failing the third machine age: when robots come for grandma,* Medium.com, 2014.

robôs? Muitas vezes, o que nós humanos queremos é apenas estar perto de outros seres que possamos nutrir e que possam nos amar, seres que retribuam nossa afeição de uma maneira realista – mesmo que eles não sejam sencientes como são os humanos. Aquelas pessoas sem companheiros humanos, portanto, muitas vezes satisfazem este desejo através de suas relações com seu gato ou cachorro.

Sendo assim, por que essa conexão teria de vir de um servo humano? Para aqueles entre nós que não cresceram em torno de animais, não é imediatamente óbvia a diferença entre um cão fofo e um robô fofo. Da mesma forma, uma enfermeira-robô poderia ser mais reconfortante do que um humano exasperado pela sobrecarga de trabalho. Não é surpresa que esta abordagem já esteja sendo desenvolvida no Japão, uma sociedade envelhecida com profunda experiência em tecnologias de robótica e fofura.

A crítica de Tufekci também toca em algo mais profundo, que vai além das questões de trabalho e automação. É o que Tufekci chama de "trabalho emocional profundo: cuidar uns dos outros". Cuidar uns dos outros, superar nosso isolamento e solidão, isso é a essência do ser humano. Mas é isso o que queremos, um mundo onde todos nós seríamos pagos por essa atividade? Ou o que queremos é um mundo onde estejamos livres da necessidade de trabalhar em troca de salários, para que possamos explorar o que significa cuidar de nós mesmos e uns dos outros? Minhas simpatias estão com a segunda possibilidade e com as novas possibilidades e problemas que podem se desenvolver em tal mundo.

O que aconteceria se a produção exigisse muito pouco trabalho humano, ou mesmo nenhum? Para enxergarmos que aspecto poderia ter essa sociedade, consideremos uma das mais conhecidas utopias de ficção científica da cultura popular norte-americana: *Star Trek*. A economia e a sociedade nesse programa se baseiam em dois elementos técnicos fundamentais. Um é a tecnologia do "replicador", que é capaz de materializar qualquer objeto do nada, com um simples pressionar de um botão. O outro é uma fonte de energia descrita de maneira vaga e aparentemente infinita (ou quase), que alimenta os replicadores.

Até certo ponto, os programas de televisão e filmes de *Star Trek* são simplesmente histórias de aventura, odisseias espaciais em que nossos heróis vagam ao redor da galáxia em uma metáfora da exploração naval. Por baixo dessa fachada, entretanto, a sociedade futura em que vivem os personagens da série está além da escassez. Poderíamos, de fato, chamá-la de uma sociedade comunista, no sentido em que Marx usava o termo: um mundo dirigido segundo o princípio "de cada qual, segundo sua capacidade; a cada qual, segundo suas necessidades".

A série, especialmente em sua segunda temporada, *Star Trek: a nova geração*, de tempos em tempos, se refere a esse fato e faz piadas com nosso modesto mundo de dinheiro e mercadorias. Em um episódio, o capitão Jean-Luc Picard encontra um homem do século XX, que esteve em animação suspensa por 400 anos. Picard precisa explicar pacientemente a este desconcertado recém-chegado que sua sociedade "eliminou a fome, a carência e a necessidade de posses". E uma das espécies alienígenas do programa, os Ferengi, são o alvo perpétuo de piadas por seu apego bárbaro ao capitalismo e à acumulação material.

A natureza comunista do universo de *Star Trek* é muitas vezes obscurecida pelo fato de que seus filmes e séries de TV estão centrados na hierarquia militar da Frota Estelar, que explora a galáxia e entra em conflito com raças alienígenas. Mas mesmo essa hierarquia parece, em grande parte, ser uma escolha voluntária, atraindo aqueles que buscam uma vida de aventura e exploração. Na medida em que vislumbramos a vida civil, ela parece não ser perturbada por hierarquias ou obrigações compulsórias. E, quando o programa se afasta da utopia comunista, é porque seus roteiristas introduzem ameaças externas de raças alienígenas hostis ou recursos escassos para produzir uma tensão dramática. No resto do tempo, os conflitos do programa giram em torno da busca por "viver de maneira sábia, agradável e boa". Há muitos desses conflitos para se imaginar, como veremos mais à frente.

Então isso é que é ter uma vida boa?

Antes de nos aprofundarmos sobre quais podem ser os conflitos e categorias importantes em uma sociedade comunista, uma palavra sobre como podemos chegar lá. A hostilidade à automação está difundida, mesmo entre aqueles que são atraídos pelo seu potencial, porque eles não veem como alcançar esse potencial sem deixar para trás a maioria das pessoas. Ou seja, seria maravilhoso se pudéssemos deixar de ser trabalhadores assalariados para ter uma produção automatizada tomando conta de tudo, mas parece mais provável que vamos simplesmente acabar desempregados e desamparados, sujeitados àqueles que possuírem as máquinas.

Compartilho a aversão de Marx às receitas para as cozinhas do futuro, por isso não vou tentar algum tipo de relato programático da transição para o comunismo. Vou apenas sugerir alguns princípios básicos.

Não devemos assumir que o fim do capitalismo deva necessariamente envolver algum grande movimento revolucionário que espera seu momento e constrói sua força, antes de tomar o Estado e os meios de produção de um só golpe – o modelo dos revolucionários bolcheviques e outros revolucionários insurrecionalistas. Isso não quer dizer, no entanto, que algum tipo de ruptura dramática não será necessária em última instância; seria ingênuo pensar que os detentores da riqueza e do poder o abandonariam voluntariamente. Mas uma vez que estamos muito longe de sermos capazes de forçar tal acerto de contas, podemos pensar, nesse meio tempo, em estratégias que construam a alternativa ao capitalismo antes dele ser derrubado por completo. Isso significa dar às pessoas a capacidade de sobreviver e de agir independentemente do trabalho assalariado capitalista no aqui e agora, o que, ao mesmo tempo, facilitaria sua capacidade de se reunir e se organizar politicamente.

O Estado de bem-estar social democrata é muitas vezes considerado como a antítese do projeto revolucionário. Se o comunismo do século XX tratava da derrubada violenta da classe capitalista, dizia a narrativa, a social democracia, tal como se desenvolveu na Europa Ocidental e em outros países, seria apenas uma forma de melhorar os piores aspectos do capitalismo, proporcionando uma pequena rede de segurança para proteger as pessoas das vicissitudes do mercado. No entanto, embora possa ser isso, o Estado de bem-estar também possui uma aresta mais radical. Seu efeito, em suas versões mais universais e generosas, é a *descomodificação* do trabalho – em outras palavras, a criação de uma situação na qual seja possível sobreviver sem depender da venda de seu trabalho a alguém que pague por ele.

A descomodificação do trabalho é um conceito desenvolvido pelo sociólogo dinamarquês Gøsta Esping-Andersen em seu influente tratado sobre o Estado de bem-estar social moderno, *Os três mundos do capitalismo de bem-estar social*, de 1990.[48] Ele propôs que um dos principais eixos ao longo dos quais variam os diferentes regimes nacionais de bem-estar social seria o grau em que eles descomodificam o trabalho. A motivação para essa ideia é o reconhecimento (voltando a Marx) de que, sob o capitalismo, a força de trabalho das pessoas se torna uma mercadoria, que elas vendem no mercado para ganhar os meios para se sustentar. Para a maioria de nós, nosso trabalho é na verdade a única coisa que temos para vender, e vendê-lo é a única maneira de se virar.

Esping-Andersen descreve a descomodificação do trabalho como a situação na qual você pode obter o necessário para suas necessidades básicas – habitação, saúde ou mesmo apenas dinheiro – sem precisar de um emprego e sem ter de satisfazer qualquer condição burocrática. Na medida em que você tem acesso a essas coisas simplesmente como um direito, por ser

---

[48] Gøsta Esping-Andersen, *The three worlds of welfare capitalism*, Cambridge, UK: Polity, 1990.

um cidadão, ao invés de ter que fazer alguma coisa em troca, seu trabalho foi descomodificado.

Enquanto a sociedade continuar sendo capitalista, jamais será possível que todo o trabalho seja descomodificado, porque nesse caso nada obrigaria os trabalhadores a trabalhar para outra pessoa e a acumulação de capital seria interrompida. O capitalismo não funciona, a não ser que os patrões consigam encontrar uma reserva de trabalhadores que não tenham escolha senão aceitar os empregos que lhes são oferecidos. No entanto, na medida em que existem programas como proteção contra o desemprego, saude pública e universal e uma renda garantida na aposentadoria – e se a elegibilidade para esses programas é tratada como um direito universal – podemos dizer que o trabalho foi parcialmente descomodificado. Com base neste argumento, Esping-Andersen distingue os regimes de bem-estar social que são altamente descomodificantes (como nos países nórdicos) daqueles em que os trabalhadores ainda são muito mais dependentes do mercado (como nos Estados Unidos).

Há aqueles que argumentam que certos tipos de reformas, particularmente aquelas que descomodificam o trabalho, podem apontar em direções mais radicais. O socialista francês André Gorz é responsável por uma teorização bem conhecida dessa ideia. Em uma de suas primeiras obras do final da década de 1960, *Estratégia operária e neocapitalismo*, ele tentou se livrar do desgastado debate da esquerda sobre "reforma ou revolução" e substituí-lo por uma nova distinção.[49] Os socialistas discutiam infinitamente, como o fazem até hoje, sobre se

---

[49] André Gorz, *Strategy for labor*, Boston, MA: Beacon Press, 1967.

seria possível usar os mecanismos de eleições e reformas políticas para superar o capitalismo, ou se isso seria possível apenas através de uma tomada violenta do poder. Para Gorz, esse era um falso debate e uma distração que nos afasta da verdadeira questão:

> É possível, no seu interior – isto é, sem termos destruído previamente o capitalismo – impor soluções anticapitalistas que não sejam imediatamente incorporadas e subordinadas ao sistema? Esta é a velha questão sobre "reforma ou revolução". Era (ou é) uma questão primordial quando o movimento tinha (ou tem) a escolha entre uma luta por reformas e uma insurreição armada. Tal não é mais o caso na Europa Ocidental; aqui não há mais uma alternativa. A questão aqui gira em torno da possibilidade de "reformas revolucionárias", isto é, de reformas que avancem na direção de uma transformação radical da sociedade. Isso é possível?[50]

Gorz continua, distinguindo "reformas reformistas", que se subordinam à necessidade de preservação do funcionamento do sistema existente, a partir da alternativa radical:

> Uma *reforma não reformista* é determinada não em termos do que ela pode ser, mas do que ela deveria ser. E, finalmente, ela baseia a possibilidade de alcance de seu objetivo na implantação de mudanças políticas e econômicas fundamentais. Essas mudanças podem ser repentinas, assim como podem ser graduais.

---

[50] Ibid., p. 6.

> De qualquer forma, elas assumem uma modificação das relações de poder; elas assumem que os trabalhadores assumirão poderes ou reivindicarão uma força (isto é, uma força não institucionalizada) suficientemente grande para que possam estabelecer, manter e expandir essas tendências dentro do sistema ao qual servem para enfraquecer o capitalismo e para abalar suas articulações. Eles assumem reformas estruturais.[51]

Um dos exemplos que Gorz apresenta de uma reforma não reformista é hoje comumente conhecida como a renda básica universal. Trata-se simplesmente da proposta de conceder a cada pessoa uma quantia garantida de dinheiro que ela receberia de forma absolutamente incondicional, independentemente de trabalho ou de qualquer outra qualificação. Idealmente, a concessão seria estabelecida num valor alto o suficiente para permitir que as pessoas vivam em um nível de decência básica, trabalhando ou não.

Essa é obviamente uma proposta radical, já que subverte a típica insistência tanto dos liberais quanto dos conservadores de que os benefícios sociais deveriam de alguma forma estar vinculados ao trabalho, ou que deveriam ser dirigidos a grupos específicos como os idosos e as pessoas com deficiência. Há um amplo debate sobre os aspectos práticos da proposta – sobre como pagar por ela e sobre quais programas ela deveria substituir. Substituir o seguro-desemprego ou algumas políticas pontuais de assistência social é uma coisa, mas substituir a cobertura universal de saúde com um pagamento fixo seria

---

[51] Ibid., pp. 7–8.

mais problemático, porque pessoas diferentes têm necessidades extremamente diferentes de serviços de saúde. Mas aqui estou mais preocupado com a especulação utópica sobre os possíveis efeitos sociais de uma renda básica universal.

Uma crítica à ideia da renda básica é sobre como ela não seria sistematicamente viável pois as pessoas, cada vez mais, abandonariam o trabalho remunerado e minariam a base tributária que financiaria essa renda em primeiro lugar. Mas essa perspectiva é precisamente o que torna a renda básica uma reforma não reformista. Assim, pode-se esboçar um tipo de utopismo mais programático que use a renda básica como seu ponto de partida. Um gesto nessa direção é o ensaio de Robert van der Veen e Philippe van Parijs de 1986, *Uma estrada capitalista para o comunismo*.[52]

O ensaio parte da proposição de que o objetivo final do marxismo não seria o socialismo, mas sim uma sociedade comunista que aboliria tanto a exploração (isto é, as pessoas recebendo menos do que o verdadeiro valor do seu trabalho) quanto a alienação; algo muito próximo do "reino de liberdade" discutido anteriormente: "as atividades produtivas não precisariam mais ser impulsionadas por recompensas externas".[53]

Suponhamos, dizem eles, "que fosse possível proporcionar a todos uma quantia *universal* suficiente para cobrir suas *necessidades fundamentais* sem que isso envolvesse a economia em

---

[52] Robert J. van der Veen e Philippe van Parijs, *A capitalist road to communism*, Theory and Society 15: 5, 1986, pp. 635–55.

[53] Ibid., p. 637.

uma espiral descendente. Como a economia evoluiria uma vez que tal concessão universal fosse introduzida?".[54]

Sua resposta é que a renda básica iria "subverter" o impulso capitalista pelo aumento da produtividade:

> O direito a um subsídio universal simultaneamente elevaria os salários para trabalhos desinteressantes e que não são inerentemente recompensadores (já que agora ninguém seria forçado a aceitar um trabalho para sobreviver) e reduziria o salário médio para trabalhos atrativos e intrinsecamente gratificantes (com as necessidades fundamentais já cobertas. De qualquer forma, as pessoas poderiam aceitar um trabalho de alta qualidade que pagasse muito abaixo do nível da renda garantida). Consequentemente, e muito mais do que anteriormente, a lógica capitalista do lucro promoveria a inovação técnica e a mudança organizacional que melhorariam a qualidade do trabalho e, assim, reduziriam o trabalho pesado exigido por unidade de produto.[55]

Se extrapolarmos essa tendência chegaríamos em uma situação onde todo o trabalho assalariado seria gradualmente eliminado. O trabalho indesejável seria totalmente automatizado, uma vez que os empregadores sentiriam uma pressão crescente pela automatização, porque a mão de obra não custaria tão pouco. O raciocínio aqui é que, como discuti no capítulo anterior, o que atrasa a automação total da economia não é a falta soluções técnicas, mas sim salários tão baixos que fazem com

---

[54] Ibid., p. 645.
[55] Ibid., p. 646.

que seja mais barato contratar seres humanos do que comprar máquinas. Sendo assim, com o acesso a uma renda básica, os trabalhadores estarão menos dispostos a aceitar empregos desagradáveis e mal remunerados, e os empregadores terão incentivos para encontrar formas de automatizar esses empregos.

Enquanto isso, o salário para trabalhos desejáveis eventualmente cairia até zero, visto que as pessoas estariam dispostas a fazê-los gratuitamente e seriam capazes disso porque uma renda básica supriria suas necessidades essenciais. Como Gorz coloca em *Metamorfoses do trabalho: crítica da razão econômica*, certas atividades "podem ser repatriadas à esfera das atividades autônomas e reduzir a demanda por serviços externos, públicos ou mercantis".[56]

A longo prazo, portanto, as pessoas passariam a depender cada vez menos da renda básica, porque as coisas que elas querem e das quais necessitam não precisariam ser compradas com dinheiro. Algumas coisas poderiam ser produzidas de forma livre e automática, à medida que a impressão 3D e as tecnologias de cópia digital evoluíssem para algo parecido com o replicador de *Star Trek*. Outras coisas se tornariam mais o produto de atividade cooperativa voluntária do que de um trabalho assalariado. O resultado é que a base tributária da renda básica seria comprometida – mas, ao invés disso criar uma crise insolúvel, como esperam críticos da renda básica, o definhamento da economia monetária e de sua base tributária correspondente se tornariam o caminho para a utopia.

---

[56] André Gorz, *Critique of economic reason*, Nova York e Londres: Verso Books, 1989, p. 169.

Considere, por exemplo, uma renda básica que fosse vinculada ao tamanho do PIB. Estamos acostumados a um mundo capitalista em que o aumento da prosperidade material corresponde a um aumento do PIB, o valor da atividade econômica medido em dinheiro. Contudo, à medida que o trabalho assalariado passasse a ser substituído pela automação ou pela atividade voluntária, o PIB começaria a cair e a renda básica cairia junto dele. Isso não levaria a padrões de vida mais baixos, porque a queda do PIB aqui também denota um declínio no custo de vida. Assim como o Estado socialista definha em algumas versões do marxismo tradicional, a renda básica definharia. Como afirmam Van der Veen e Van Parijs, "as sociedades capitalistas avançarão suavemente em direção ao comunismo pleno".[57]

Que desabrochem uma centena de hierarquias de status

Tendo definido os parâmetros técnicos e descrito um pouco do plano de fundo, podemos imaginar que estivéssemos vivendo em uma sociedade comunista. Agora nos voltamos à questão mais humana: em uma sociedade comunista, o que faríamos o dia todo? O tipo de comunismo que descrevi é, às vezes, erroneamente interpretado tanto por seus críticos como por seus adeptos, como uma sociedade completamente ausente de hierarquias e conflitos. Porém, em vez de ver a abolição da relação capital-salário como uma solução única para todos

---

[57] Van der Veen e Van Parijs, *A capitalist road to communism*, p. 646.

os problemas sociais possíveis, talvez fosse melhor pensar nisso nos termos usados pelo cientista político Corey Robin, como uma maneira de "converter a miséria histérica em um infelicidade comum".[58]

Mesmo atualmente, nem todas as hierarquias e conflitos podem ser reduzidos à lógica do capital. Ao mesmo tempo, enquanto a maioria das pessoas depende do trabalho assalariado, também é impossível separar completamente qualquer conflito daquela relação fundamental. Em vez de pensarmos na relação do capital como a raiz da qual brotam todas as opressões e conflitos, pensemos em uma metáfora onde o conflito entre capital e trabalho dá forma a outras relações sociais assim como um campo magnético influencia os objetos ao seu redor.

Em uma aula normal sobre forças eletromagnéticas, os alunos participam de um exercício no qual um ímã de barra é colocado sobre uma mesa repleta de limalhas de ferro espalhadas. O campo invisível em torno do ímã alinhará as limalhas, até que a forma de redemoinho do campo magnético se torne visível. A relação do capital é uma espécie de ímã social (com o capital em um extremo e o trabalho em outro) que tende a alinhar todas as outras hierarquias sociais com a hierarquia mestra baseada no dinheiro – portanto, a hierarquia da capacidade atlética é traduzida em uma hierarquia de pagamento para desempenho profissional. No entanto, o magnetismo do capital não é forte o suficiente a ponto de ser capaz de alinhar perfeitamente todos os sistemas. A fama, por exemplo, pode

---

[58] Corey Robin, *Socialism: converting hysterical misery into ordinary unhappiness for a hundred years*, CoreyRobin.com, 2013.

em geral ser traduzível em dinheiro (como quando Kim Kardashian lança um jogo para *smartphones* que se torna extremamente bem sucedido), mas essa conversão não é exata ou uniforme. E, embora o dinheiro também possa comprar fama, nem sempre essa fama é a do tipo pretendido, como descobriu a adolescente Rebecca Black, quando sua mãe pagou 4 mil dólares por um vídeo musical tão vergonhoso e terrível que se tornou uma sensação viral na mídia.[59]

As questões mais interessantes sobre a sociedade comunista dizem respeito ao funcionamento das competições por status de vários tipos, depois que a força organizadora da relação do capital tiver sido removida. Mais uma vez a ficção é útil como ilustração. Desta vez, porém, não é necessário conjurar naves espaciais e alienígenas, a fim de imaginarmos as tribulações de um futuro comunista.

O romance de Cory Doctorow, *O fundo do poço no reino encantado*, lançado em 2003, imagina um mundo pós-escassez que se passa em uma extrapolação reconhecível dos Estados Unidos dos dias atuais.[60] Assim como em *Star Trek*, a escassez material foi superada neste mundo, que funciona de acordo com o princípio da *adhocracia* – uma espécie de anarquismo em que a sociedade é operada por grupos que se formam e se dispersam sem estarem sujeitos a qualquer hierarquia mais abrangente. No entanto, Doctorow compreende que dentro

---

[59] Pamela Chelin, *Rebecca Black fighting ark music factory over 'Friday'*, Rollingstone.com, 2011.

[60] Cory Doctorow, *down and out in the magic kingdom*, Nova York: Tor Books, 2003.

das sociedades humanas certos bens imateriais serão sempre inerentemente escassos: reputação, respeito, estima entre os colegas. Assim, o livro gira em torno das tentativas de vários personagens de acumular *whuffies*, que são pontos virtuais representando a afeição que você acumulou das outras pessoas (pense em uma forma generalizada de curtidas no Facebook ou de *retweets* no Twitter). As pessoas no livro acreditam que, como o personagem principal diz em certo ponto,

> O *whuffie* recapturou a verdadeira essência do dinheiro: nos velhos tempos, se você estivesse falido, mas fosse respeitado, não morreria de fome; no sentido contrário, se fosse rico e odiado, nenhuma soma poderia te comprar segurança e paz. Medindo o que o dinheiro realmente representava – o seu capital pessoal com seus amigos e vizinhos – você avaliava com mais precisão o seu sucesso.[61]

É claro que essa descrição dos "velhos tempos" não é um retrato realmente muito preciso do modo como a sociedade capitalista funciona, como demonstrado pela piada sobre a jornalista que aceita fazer tarefas de graça para editores que lhe prometem maior atenção e prestígio: ela morreu de "exposição".[62] Ser capaz de suportar a sobrevivência independentemente dos *whuffies* ou de qualquer outra moeda faz toda a diferença no mundo.

---

[61] Cory Doctorow, *Down and out in the magic kingdom*, p. 10.
[62] N. do T.: *die of exposure* no inglês significa ter a morte resultante da falta de proteção durante a exposição, por períodos prolonga-

A história do livro se passa principalmente na Disneylândia, que na sociedade pós-trabalho é agora dirigida por voluntários, mas ainda precisa haver alguma hierarquia e organização, que é determinada de acordo com os *whuffies*. O drama da história gira em torno das várias intrigas e conflitos que resultam disso. Sem ter que se preocupar com a sobrevivência – ou mesmo com a morte, dada a alegre premissa desse livro de que os mortos poderiam ser facilmente ressuscitados de um backup – outros conflitos se apresentam, como, por exemplo, se a cúpula de presidentes da Disneylândia deveria incluir uma tela que interagisse com o cérebro para proporcionar a experiência de ser Abraham Lincoln. Esses debates são resolvidos não por quem tem mais dinheiro, mas por quem consegue adquirir o mais alto status social.

Se você gasta muito tempo em redes sociais, essa visão pode parecer mais aterradora do que utópica. Mas esse é o valor do livro de Doctorow, ao contrário de *Star Trek*: ele trata um mundo pós-escassez como um lugar com suas próprias hierarquias e conflitos, ao invés de um cenário em que todos viveriam em perfeita harmonia e onde a política tivesse chegado a um estado em que poderia ser suspensa. A reputação, assim como o capital, pode ser acumulada de maneira desigual e auto-perpetuante, pois aqueles que já são populares ganham a capacidade de fazer coisas que lhes atraem mais atenção e que os tornam ainda mais populares. Além disso, o racismo e o sexismo não desapareceriam junto com o capitalismo, e

---

dos, a temperaturas extremas, condições ambientais ou substâncias perigosas.

também poderiam estratificar as sociedades pós-capitalistas. Tal dinâmica pode ser facilmente observada hoje, blogs e outras redes sociais produzem seus *gatekeepers*; alguns são capazes de chamar atenção, outros não, e isso não está relacionado, necessariamente, a quanto dinheiro eles tem para gastar. Organizar a sociedade de acordo com quem tem mais "curtidas" no Facebook com certeza teria certos inconvenientes, para dizer o mínimo, mesmo quando tiramos essa ideia de seu invólucro capitalista.

A mesma dinâmica se passa no projeto da Wikipédia, que fornece outro exemplo do tipo de conflitos que transcendem a especificidade do capitalismo. Em princípio, a Wikipédia se auto intitula "a enciclopédia que qualquer pessoa pode editar", uma instituição perfeitamente democrática e horizontal; mas, na prática, não é nem tão sem estrutura e nem tão igualitária assim. Isso se dá, em parte, porque ela reproduz as desigualdades da sociedade ao seu redor: um número desproporcionalmente grande de editores são homens brancos, e o conteúdo da Wikipédia reflete isso. Com apenas 13% de mulheres contribuintes, de acordo com uma pesquisa de 2010, coisas como literatura feminista recebem menos cobertura do que personagens secundários de *Os Simpsons*.

Assim, acabar com o capitalismo, e até mesmo acabar com o patriarcado e o racismo, não vai acabar com as possibilidades de conflitos. Diferenças de opinião, conflitos de interesses e choques de personalidade existirão em qualquer mundo concebível. Embora a Wikipédia não seja organizada como uma enciclopédia tradicional ou um negócio capitalista, ela ainda possui uma hierarquia, com uma burocracia complexa de administradores, editores e moderadores, com poderes variados para ignorar procedimentos de exibição, bloquear usuários, excluir artigos, mover arquivos e outras funções do site.

Tais estruturas foram desenvolvidas para protegê-la contra o vandalismo e as tentativas maliciosas de difamar terceiros ou reescrever a história por pessoas com uma motivação egoísta. Mas elas também tiveram o efeito de desencorajar novos editores, impedindo a Wikipédia de se expandir ou de diversificar sua base de editores. Um estudo na revista *American Behavioral Scientist* descobriu que o número de editores da Wikipédia caiu de 50.000 em 2006 para 35.000 em 2011. Os autores do estudo gracejaram que a Wikipédia se tornou "a enciclopédia que qualquer pessoa que entenda as normas, se socialize, se esquive da parede impessoal de rejeição semi-automatizada e ainda queira voluntariamente contribuir com seu tempo e energia pode editar".[63]

Bitcoins, doges, e whuffies

Um leitor contemporâneo do livro de Doctorow pode achar que o conceito de *whuffie* é mais ressonante do que costumava ser, por causa da renovada notoriedade das moedas não estatais e inventadas – em particular, a criptomoeda *bitcoin*. Com uma estrutura contábil que mantém um sistema de pontos artificialmente escassos e sem um vínculo com o sistema ban-

---

[63] Aaron Halfaker et al., *The rise and decline of an open collaboration system: how wikipedia's reaction to sudden popularity is causing its decline*, American Behavioral Scientist 57, 5 de Maio, 2013, p. 683.

cário e monetário tradicional, o *bitcoin* desperta um interesse econômico limitado. Acontece que o *bitcoin*, apesar de toda a publicidade na imprensa, pode ser menos significativo do que algumas outras moedas alternativas que atualmente não têm as suas pretensões.

Os partidários do *bitcoin* aspiram que ele venha a substituir o dinheiro capitalista, o que significa que ele deve mediar trocas de bens físicos e serviços, além de servir como uma reserva de valor que pode dar garantias sobre esses bens e serviços. Em outras palavras, a fim de convencer as pessoas a adotar o *bitcoin* como pagamento, você precisa convencê-los de que os *bitcoins* valem algo e que continuarão valendo algo no futuro.

Muitos de seus defensores acreditam que, por não serem criados ou regulados pelo Estado, os *bitcoins* seriam de alguma forma uma reserva de valor mais estável. Essa fixação quixotesca – pouco diferente, em substância, da obsessão de excêntricos de uma geração anterior pelo padrão-ouro – tem levado a subcultura do *bitcoin* a reproduzir ingenuamente os sistemas financeiros desregulados do século XIX, com todas as suas crises, choques, fraudes e pânicos. As flutuações selvagens no valor da moeda desmentem a fé dos *bitcoineiros*, assim como o fato de que várias trocas proeminentes de *bitcoin* falharam, apagando as riquezas de seus clientes e deixando suas vítimas sem recurso – uma consequência da falta de padrões e regulação.

A redescoberta da necessidade de um Banco Central e da regulação governamental é boa para rirmos à custa de um bando de jovens libertários de direita, mas não nos diz muito sobre o futuro. O *bitcoin* não é a única criptomoeda, embora possua o maior valor de troca em moedas tradicionais e certamente tenha sido a mais amplamente divulgada. Existem inúmeros rivais, baseados em pequenas variações do código do *bitcoin*, sob nomes como *litecoin* e *quarkcoin*. Muitos desses são rivais oportunistas dirigidos por especuladores, pouco melhores do que aqueles golpes tradicionais no mercado de ações no qual alguns poucos promotores mentem, estimando para cima o valor de uma empresa, para que seu preço suba e, em seguida, possam vender suas próprias ações antes dos otários perceberem o que está acontecendo. Para os propósitos deste capítulo, entretanto, a criptomoeda mais interessante é aquela que geralmente é considerada uma brincadeira bobinha: o *dogecoin*. Em sua ascensão e queda, podemos ver um mecanismo promissor que pode ter sido introduzido prematuramente em uma sociedade que não estava pronta para ela.

O *dogecoin* leva o nome de um meme viral da internet que exibe uma imagem de um cachorro da raça shiba inu cercado por exclamações entusiasmadas. Até o momento da publicação, os leitores deste livro podem nem sequer lembrar do meme – e o mesmo pode se dar com o *dogecoin*, que foi lançado no auge da popularidade tanto do *bitcoin* como do *doge*, no final de 2013. Entretanto, a comunidade que surgiu em torno dele nos diz algo importante sobre o significado real de toda a variedade de dinheiros alternativos.

Tendo seu valor medido em termos de dólares americanos, o *dogecoin* nunca representou uma ameaça para o *bitcoin*, mas isso nunca foi relevante para o principal uso da moeda. Alguns meses após sua criação, ocorriam mais transações diárias únicas em *doges* do que em *satoshis* (como o *bitcoin* às vezes era chamado, em homenagem ao seu misterioso inventor).[64] Isso se deu porque o *dogecoin* satisfazia a necessidade por um tipo diferente de moeda, bem distante do tipo capitalista tradicional e de fato mais similar ao *whuffie*.

Tecnicamente, o *dogecoin* e o *bitcoin* são quase idênticos, mas esse é um retrato enganoso do significado do *dogecoin*. A sociologia da comunidade *dogecoin* é muito diferente, assim como o é o problema para o qual o *dogecoin* fornecia uma solução.

Para entender o *dogecoin*, é preciso entender o que as pessoas mais faziam com a moeda. Embora as pessoas às vezes comprassem bens valiosos com ela, o uso mais comum era uma "gorjeta": a prática de transferir um pequeno número de *dogecoins* para outro usuário da internet em apreciação por sua contribuição espirituosa ou útil. Isso era encorajado pelo fato de que um único *dogecoin* valia apenas uma pequena fração de um centavo do dólar americano.

Dar gorjetas em *dogecoins* se tornou particularmente comum no Reddit e no Twitter, que desenvolveram plataformas fáceis de usar para executar essas transferências. Nisso, a gorjeta em *dogecoin* ampliava a prática do voto positivo no Reddit ou do *retweet* no Twitter – exceto quando convertia essas práticas em uma moeda comum, uma forma de status portável de site para site. Ao invés de tentar replicar as moedas tradicionais, o *dogecoin* era uma forma de estabelecer pontes de karma reputacional entre muitos domínios separados.

---

[64] Tom McKay, *Bitcoin vs. Dogecoin: which one is really worth more?*, Mic.com, 14 de Janeiro, 2014.

Durante a enxurrada de interesse inicial, grande parte da atenção da mídia enxergava o *dogecoin* através do prisma do *bitcoin*. Havia uma ênfase em seu papel como um ativo especulativo e uma reserva de valor monetário *off-line*, além das muitas preocupações sobre se ele seria capaz de manter o seu valor de câmbio em termos de moeda tradicional. Em última análise, isso pode ter sido a sua morte. Neste momento, a comunidade *dogecoin* está em crise, em grande parte por causa da influência hegemônica de um único grande investidor tentando transformá-lo em um veículo especulativo do tipo *bitcoin* para que possa ser convertido em dinheiro tradicional.[65]

Resumindo, a lição do *dogecoin* e do mundo das culturas e hierarquias da internet que ele representa é sobre a complexidade de qualquer utopia. Retirar o dinheiro e a escassez do papel de códigos mestre que organizam nossas vidas não as tornariam simples ou entediantes, porque os seres humanos são complexos demais para isso. Na verdade, isso tornaria a vida inimaginavelmente mais complicada. Mas penso que isso deveria, ainda assim, ser considerado uma utopia, especialmente em comparação com o que será descrito no próximo capítulo.

Isso tudo pode parecer um tipo bem decepcionante de utopia – buscar *whuffies* desesperadamente e enfrentar burocracias na Wikipédia. O próprio Doctorow disse que *whuffie* "seria uma moeda terrível" e que o mundo que ele criou é realmente muito sombrio, precisamente por causa da maneira como

---

[65] Kevin Collier, *Meet Moolah, the company that has Dogecoin by the collar*, DailyDot.com, 7 de Julho, 2014.

economias de reputação podem começar a replicar a natureza magnética da hierarquia mestra das moedas capitalistas.[66]

Ainda assim, eu argumentaria que a sociedade comunista que esbocei aqui, embora imperfeita, pelo menos seria uma sociedade em que o conflito já não estaria baseado na oposição entre trabalhadores assalariados e capitalistas ou na luta por recursos escassos. Seria um mundo em que, no fim das contas, nem tudo se resumiria a dinheiro. Uma sociedade comunista certamente teria hierarquias de status – assim como a sociedade capitalista ou qualquer outra. No capitalismo, porém, todas as hierarquias de status tendem a estar alinhadas, mesmo que de maneira imperfeita, com a hierarquia mestra da acumulação de capital e do dinheiro. O ideal de uma sociedade pós-escassez é que os vários tipos de estima sejam independentes entre si, de modo que a estima em relação a um músico seja independente do respeito que se alcança como ativista político, para que não se possa usar um tipo de status para comprar outro. Em certo sentido, então, é um equívoco nos referirmos a essa configuração como "igualitária"; de fato, não seria um mundo sem hierarquias, mas sim um mundo com muitas hierarquias, mas nenhuma delas seria superior à outra.

---

[66] Cory Doctorow, *Wealth inequality is even worse in reputation economies*, LocusMag.com, 3 de Março, 2016.

Rentismo: hierarquia e abundância

O romance de 2005 de Charles Stross, *Accelerando*, começa no século XXI, não muito tempo no futuro.[67] O protagonista, Manfred Macx, acaba tendo de enfrentar os capangas da Associação de Controle de Direitos Autorais da América, uma máfia que está na sua cola pela distribuição digital não autorizada de material protegido por direitos autorais. Diante de guardas armados e uma ordem de restrição, ele escapa desse cerco graças a um esperto contorcionismo jurídico com as leis corporativas, feitos de última hora.

A noção de bandidos armados prendendo pessoas por distribuírem dados pela internet tem se tornado cada vez menos exagerada desde que o romance foi escrito. O caráter hacker, brilhante e idealista de Macx evoca a memória de Aaron Swartz, o ativista e programador que se suicidou em 2013, aos 26 anos. Swartz enfrentava custos legais sufocantes, multas enormes e o risco de pegar até 35 anos de prisão, tudo pelo crime de baixar artigos de uma base de dados acadêmica. Ao contrário de Manfred Macx, ele não conseguiu enxergar uma saída.

O núcleo deste capítulo é sobre propriedade intelectual e as leis que a protegem – como as leis sob as quais Swartz foi processado. Se o capítulo anterior era sobre a possibilidade utópi-

---

[67] Charles Stross, *Accelerando*, Nova York: Penguin Group, 2005.

ca de uma sociedade de pura abundância, este capítulo é sobre o que acontece quando essa possibilidade está presente, mas é bloqueada por estruturas de classe consolidadas e pelo poder do Estado que as defendem. Como veremos, a propriedade intelectual e as rendas que dela fluem são as categorias centrais dessa distopia.

Política e possibilidade

Uma falha característica na maioria das discussões econômicas tradicionais é a sua premissa de que se o trabalho humano na produção se tornar tecnicamente desnecessário, ele inevitavelmente desaparecerá. No entanto, o sistema de acumulação de capital e de trabalho assalariado é tanto um dispositivo técnico para produção eficiente quanto um sistema de poder. Ter poder sobre os outros é, para muitas pessoas poderosas, sua própria recompensa; assim, eles se esforçariam para manter um sistema no qual outras pessoas os sirvam, mesmo que esse sistema seja, de um ponto de vista puramente produtivo, totalmente supérfluo. Este capítulo, portanto, discute como a elite econômica atual poderia manter seu poder e riqueza em um ambiente de automação total.

"Quem for dono dos robôs governará o mundo", diz o economista do trabalho da Universidade de Harvard, Richard Freeman.[68] Sendo assim, a alternativa à sociedade comunista do capítulo anterior é uma sociedade onde as técnicas para

---

[68] Richard B. Freeman, *Who owns the robots rules the world*, WOL. IZA.org, 2015.

produzir abundância são monopolizadas por uma pequena elite. O conceito de propriedade assume uma textura diferente em um mundo altamente automatizado. Quando falamos de "ser dono dos robôs", não estamos falando apenas do controle sobre um agrupamento físico de metal e cabos. Em vez disso, a frase descreve metaforicamente o controle sobre coisas como softwares, algoritmos, planos e outros tipos de informações que são necessárias para produzir e reproduzir o mundo em que vivemos. Para manter o controle sobre a economia os ricos precisam controlar, cada vez, mais essa informação, e não apenas objetos físicos.

Tudo isso leva ao sistema descrito neste capítulo, que depende fortemente das leis de propriedade intelectual. Ao contrário da propriedade física, a propriedade intelectual dita não apenas os direitos à posse de objetos físicos, mas também o controle sobre a sua reprodução. Ela pode, portanto, persistir em um mundo onde, por exemplo, a maioria dos objetos pudesse ser copiada facilmente e de forma barata por meio de impressoras 3-D. Aqui, aqueles que controlassem a maioria dos direitos autorais e patentes se tornariam a nova classe dominante. Esse sistema já não seria o capitalismo, como tradicionalmente o compreendemos. Por se basear na extração de rendas e não na acumulação de capital por meio da produção de mercadorias, eu me refiro a ele como "rentismo".

A arte da renda

Eu uso o termo "renda" em um sentido técnico, seguindo a tradição que remonta a economistas clássicos como Ricardo e que foi apropriada por Marx. Originalmente, esse termo se referia especificamente aos pagamentos feitos para os proprietários de terras, que se distinguiam de outros tipos de pagamentos que eles também poderiam receber. A sacada mais importante é que a própria terra não havia sido produzida por ninguém. As lavouras ali cultivadas, ou a fábrica ali construída podem ser produzidas por pessoas, mas há um valor na própria terra que vem como um presente da natureza. Quem puder reivindicar a propriedade da terra pode, portanto, exigir pagamento simplesmente por controlar o acesso à propriedade, em vez de fazer qualquer coisa com ela.

A teoria original da "renda da terra" para seus proprietários foi desenvolvida no contexto de uma sociedade que ainda era dominada pela agricultura. Em uma economia moderna, o conceito de renda tem de ser ampliado e tornado mais abstrato. Existem muitas outras maneiras pelas quais a propriedade pode gerar renda sem qualquer ação do proprietário. O dono desse tipo de propriedade não é aquilo que tradicionalmente consideramos um capitalista, mas sim um "rentista". O termo foi popularizado para descrever os proprietários de títulos do governo na França do século XIX, que conseguiam viver de pagamentos de juros pelo governo (os *rentier*); essas pessoas não eram nem trabalhadores e nem chefes. Em 1893, no livro *A nova e a velha Paris*, o jornalista inglês Henry Sutherland Edwards comparava o rentista com "o homem de negócios aposentado".[69]

---

[69] Henry Sutherland Edwards, *Old and new Paris: its history, its people, and its places, vol.* 1, Londres: *Cassell and Company*, 1893.

O rentista daquele período era, no geral, retratado como alguém de riqueza modesta. Essa imagem sobrevive hoje na forma do aposentado juntando cupons de desconto, sobrevivendo à base de uma renda fixa. Na realidade, no entanto, esse rendimento é em grande parte monopolizado por um pequeno número de pessoas ricas, como fica claro quando se examina toda a gama de ativos rentáveis. A renda é acumulada não apenas pela propriedade de terras e títulos do governo, mas também para carteiras de ações distribuídas e, cada vez mais, para a propriedade intelectual, à qual retornaremos.

A existência de rendas e rentistas sempre foi um tipo de embaraço para os defensores do capitalismo. Defender a necessidade do chefe que controla os meios de produção é mais fácil, já que os ideólogos podem ao menos afirmar que eles fazem alguma coisa – seja organizando a produção, inventando produtos, ou simplesmente assumindo riscos econômicos. Mas os rentistas não criam nada, não fabricam nada, não fazem nada; apenas aceitam passivamente as recompensas pela sua propriedade. Assim, historicamente tem havido clamores para taxar por completo as rendas provenientes da posse de propriedades, em oposição aos lucros obtidos por se fazer alguma coisa com elas.

Existe toda uma tradição intelectual, originária do século XIX, do economista Henry George, que coloca essa política no centro de suas teorias e propostas. Em seu livro *Progresso e pobreza,* de 1879, George insistia que "o verdadeiro remédio" para o problema da desigualdade de renda era nada mais, nada menos que "tornar a terra uma propriedade comum", eliminando assim a maior fonte de rendas que existia em seu tempo.[70] Seus seguidores contemporâneos argumentavam de maneira parecida que, já que a terra "não é o produto do trabalho humano, mas... é necessária para toda a produção", todas as rendas provenientes de propriedade privada deveriam ser apropriadas através da tributação e utilizadas pelo bem comum.[71]

A existência de rentistas também perturbava o grande economista John Maynard Keynes. Em uma parte famosa de seu tratado *Teoria geral do emprego, do juro e da moeda*, ele discute a taxa de juros – isto é, o retorno da propriedade de capital – e argumenta que "a taxa de juro não recompensa nenhum sacrifício genuíno, do mesmo modo que não o faz a renda da terra".[72] Os juros, ele pensava, meramente recompensam os proprietários de recursos produtivos escassos. Ele esperava e clamava pela "eutanásia do rentista, do investidor sem função", o que ele acreditava que seria possível quando a sociedade se tornasse rica o suficiente para que esses recursos não fossem mais escassos.[73]

---

[70] Henry George, *Progress and poverty*, HenryGeorge.org, 1879.
[71] *Council of georgist organizations*, Introduction to georgist philosophy and activity, cgocouncil.org.
[72] John Maynard Keynes, "Concluding notes on the social philosophy towards which the general theory might lead" em *The general theory of employment, interest and money*, Marxists.org, 1936.
[73] Ibid.

Escassez e pobreza

A escassez é fundamental para as questões levantadas neste livro. Como bom liberal tecnocrata que era, Keynes acreditava que, se o pagamento de juros aos proprietários não pudesse ser justificado pela escassez, então deveria (e iria) desaparecer. Do seu ponto de vista, a única razão para se ter uma economia capitalista de mercado, em primeiro lugar, era para alocar bens escassos em uma circunstância em que não seria possível que todo mundo simplesmente tivesse o quanto quisesse. Se a renda não possuísse propósito econômico, então, por que deveria existir?

Isso, no entanto, negligencia a luta pelo poder que está no coração de uma sociedade baseada na propriedade privada. Do ponto de vista dos proprietários, importa muito pouco se sua riqueza é justificada por algum motivo de teoria econômica ou de bem-estar social. Eles simplesmente querem manter suas propriedades – e, tão importante quanto, querem que essa propriedade mantenha seu valor.

Aqui, alguma divagação sobre a natureza da propriedade se faz apropriada. Antes de entendermos o que torna valiosa uma porção de propriedade, temos que saber, em primeiro lugar, o que a torna propriedade. Para os partidários do capitalismo, frequentemente é conveniente fingir que a propriedade é algum fato que ocorre naturalmente, mas, na realidade, se trata de uma construção social que precisa ser delineada e garantida pelo poder do Estado. A própria ideia de que todo o mundo físico e social pode ser dividido em partes discretas, cada uma marcada com o nome de um dono, é parte da infraestrutura ideológica do capitalismo, que teve de ser minuciosamente construída ao longo de muitos anos.

Este ponto é frequentemente ilustrado por meio de uma discussão sobre o capitalismo em seu início na Inglaterra e aquilo que ficou conhecido como o "cercamento dos bens-comuns". No período medieval, a terra era tratada como um recurso comum que os residentes locais poderiam usar livremente para diversos fins, como cortar feno ou pastoreio de gado. O "cercamento" dessas terras refere-se originalmente (e de forma literal) à colocação de cercas em porções dessas terras para impedir o acesso – mas se refere também ao processo pelo qual a terra foi legalmente transformada, de algo a que a comunidade tinha o direito de acesso, para propriedade privada sob o controle de grandes proprietários, que ficaram livres para impedir as outras pessoas de usá-las.

As lutas sobre bens comuns na terra continuam atualmente. O Movimento dos Trabalhadores Rurais Sem-Terra [MST] no Brasil, que ajudou a levar o governo de esquerda de Lula ao poder em 2003, construiu sua força ao exigir que as terras privadas não utilizadas fossem expropriadas e tratadas como um bem comum, com o respaldo da Constituição brasileira que estipula que "a propriedade deve cumprir uma função social". Por outro lado, alguns empresários empreendedores já estão tentando "cercar" as terras para além da Terra. Escrevendo na revista *Dissent* em 2014, Rachel Riederer relata sobre a *Bigelow Aerospace*, que solicitou a aprovação do governo norte-americano para "uma 'zona de não interferência' em torno de suas futuras operações lunares".[74] A superfície da lua pode acabar "cercada": as nações espaciais do mundo nunca ratificaram o Tratado Lunar de 1979, que teria proibido a propriedade de qualquer porção da superfície lunar.

Na maior parte dos casos, no entanto, a privatização completa das terras hoje é aceita, em sua maioria – pelo menos nos países ricos. O discussão sobre como definir o significado e o alcance da propriedade continua de outras formas, especialmente no debate sobre a chamada "propriedade intelectual".

A própria definição de propriedade intelectual demonstra o quão maleável pode ser o conceito de "propriedade". Embora seus defensores tenham uma tendência a falar sobre ela como se fosse amplamente análoga a outros tipos de propriedade, na verdade ela está assentada sobre um princípio bastante diferente. Isso aborrece até alguns economistas conservadores libertários, como Michele Boldrin e David K. Levine. Em seu livro *Contra o monopólio intelectual* e em outras obras, eles observam que os direitos de propriedade intelectual significam algo bem diferente dos direitos de propriedade sobre a terra ou sobre objetos físicos.[75]

O direito à propriedade intelectual não é, em última análise, um direito a uma coisa concreta, mas a um *padrão*. Ele não apenas protege o "seu direito de controlar a cópia da sua ideia" – da mesma forma como protegeria o meu direito de controlar

---

[74] Rachel Riederer, *Whose moon is it anyway?*, Dissent 61: 4, 2014, p. 6.

[75] Michele Boldrin e David K. Levine, *Against intellectual monopoly*, Cambridge, UK: Cambridge University Press, 2008.

meus sapatos ou a minha casa – mas concede a alguém o direito de dizer aos outros como usar as cópias de uma ideia que "possui". Como dizem Boldrin e Levine,

> Esse não é um direito normalmente ou automaticamente concedido aos proprietários de outros tipos de propriedade. Se eu produzir uma xícara de café, tenho o direito de escolher se quero vendê-la ou não para você, ou tomá-la eu mesmo. Mas o meu direito de propriedade não é um direito automático tanto para lhe vender a xícara de café quanto lhe dizer como bebê-la.[76]

Essa forma de propriedade não tem nada de nova. Os direitos autorais do escritor fazem parte da lei inglesa desde 1710 e a Constituição dos Estados Unidos delineia explicitamente o direito do governo de "promover o progresso da ciência e das artes úteis, ao garantir por tempo limitado aos autores e inventores o direito exclusivo a seus respectivos escritos e descobertas". Porém, a importância da propriedade intelectual aumentou, e promete continuar aumentando à medida que a produtividade física da economia cresce.

Em um eco da luta em torno dos cercamentos, há lutas em andamento sobre a expansão da propriedade intelectual para mais e mais áreas. Os designers de moda historicamente não conseguiram proteger sob direitos autorais seus modelos nos Estados Unidos, mas grandes designers e seus aliados parlamentares estão pressionando por projetos de lei que lhes

---

[76] Michele Boldrin e David K. Levine, *Property rights and intellectual monopoly*, DKLevine.com.

permitiriam processar os fabricantes de imitações baratas de seus vestidos e sapatos. Ainda mais sinistro é o movimento para estender a proteção da propriedade intelectual à própria natureza. Na decisão de 2013 do processo *Bowman vs. Monsanto Co.*, a Suprema Corte dos Estados Unidos manteve a condenação de Vernon Bowman, um fazendeiro de Indiana que havia sido declarado culpado pela violação de patentes detidas pela gigante do agronegócio Monsanto.[77] Seu crime foi plantar sementes de uma colheita de soja que continha genes geneticamente modificados "prontos para o Roundup", que as tornavam resistentes ao herbicida. A decisão confirmou a capacidade da Monsanto de forçar os agricultores a comprar novas sementes todos os anos, em vez de usarem as sementes das colheitas do ano anterior.

Também em outros casos, os direitos de propriedade de objetos físicos estão sendo transformados por causa das reivindicações imateriais de propriedade intelectual associadas a eles. Até que os legisladores emitissem uma isenção em 2010, as disposições do *Digital Millennium Copyright Act*[78] aparentemente tornavam ilegal que os proprietários do iPhone da Apple fizessem o *jailbreak* do dispositivo para instalar novos softwares nele. Um litígio semelhante girava em torno do direito dos proprietários de modificar o software que funciona

---

[77] *Bowman vs. Monsanto Co.*, 133 S. Ct., No. 11–796 (2013).

[78] N. do E.: Digital Millennium Copyright Act, conhecido como DMCA é uma lei dos EUA sobre direito autoral, em vigor desde 1998, que criminaliza não só a infração em si, mas também a produção e a distribuição de tecnologia que permita evitar as medidas de proteção aos direitos de autor.

em carros modernos e outros veículos. A companhia John Deere, por exemplo, discutiu com funcionários do governo que seria ilegal os agricultores fazerem modificações ou reparos no software que opera seus tratores. Isto se daria porque, dizem eles, ninguém realmente possui seu trator – eles simplesmente têm "uma licença implícita... para operar o veículo". Assim, a forma da propriedade passa por uma mutação, de modo que mesmo algo tão tangível quanto um trator se torna não uma propriedade física de seu comprador, mas apenas um padrão a ser licenciado por um tempo limitado.

Tudo isso significa que a propriedade intelectual está se tornando um componente cada vez mais importante das propriedades detidas pela classe capitalista. Quando falamos sobre o "1%" global e sua riqueza, não estamos falando apenas sobre possuir terras, fábricas ou a piscina de moedas de ouro como o Tio Patinhas. Estamos falando de ações e títulos de dívida cujo valor, em muitos casos, está fundamentado em formas imateriais e intelectuais de propriedade.

Em um relatório de 2013, divulgado pelo Instituto Europeu de Patentes, "Indústrias intensivas em direitos [de propriedade intelectual] representavam 39% do Produto Interno Bruto europeu e enormes 90% das exportações".[79] Do mesmo modo, o Departamento de Comércio dos EUA estima que as indústrias voltadas à propriedade intelectual representam 35%

---

[79] European Patent Office, *IPR-intensive industries: contribution to economic performance and employment in the european union*, EPO.org, Setembro de 2013.

do PIB dos EUA, um número que só continuará aumentando.[80] Isso inclui, obviamente, negócios dependentes de propriedade intelectual, como os setores farmacêutico e de entretenimento, bem como coisas como fabricação de vestuário, onde o valor de um logo da Nike pode facilmente eclipsar o do calçado físico em que ele está costurado. Mesmo aquele que aparentemente seria o mais material dos comércios, o negócio do petróleo, em alguns casos, pode ser visto como "propriedade intelectual", devido ao grande número de patentes detidas por empresas como a Shell.

Também não tem passado despercebida a importância da propriedade intelectual para o aparelho repressivo do Estado. Em um artigo de 2010, na revista *Foreign Affairs*, o subsecretário de Defesa dos Estados Unidos, William Lynn, discutiu a explicitude da "ciber-estratégia" dos militares em termos do valor da propriedade intelectual para as corporações norte-americanas.[81] Ele previu que embora "a ameaça à propriedade intelectual seja menos dramática do que a ameaça à infraestrutura nacional, ela pode ser a ameaça cibernética mais significativa que os Estados Unidos enfrentarão no longo prazo", e advertiu que "as perdas contínuas em propriedade intelectual poderiam corroer tanto a eficácia militar dos Estados Unidos quanto sua competitividade na economia global".[82]

---

[80] Mark Doms et al., *Intellectual property and the U.S. economy: industries in focus*, USPTO.gov, Abril de 2012.
[81] William J. Lynn III, *Defending a new domain: the Pentagon's cyberstrategy*, Foreign Affairs, Setembro/Outubro 2010.
[82] Ibid.

Vale a pena parar para contemplar ao que Lynn está se referindo quando fala sobre "perdas" de propriedade intelectual. O Google, ele relata, "revelou que perdeu propriedade intelectual como resultado de uma operação sofisticada perpetrada contra sua infraestrutura corporativa".[83] Em outras palavras, alguém acessou sua rede de computadores e copiou algo que não era permitido copiar. Mas, presumivelmente, o Google ainda tinha as informações; é improvável que os hackers as tenham excluído dos servidores e que nenhum backup tenha sido preservado. Descrever isso como uma "perda" é uma apropriação da mesma palavra que seria aplicada à propriedade física – mas, na melhor das hipóteses, é uma extensão metafórica. Na realidade, estamos falando da cópia não autorizada de padrões, e a única coisa sendo perdida é a potencial receita corporativa futura.

Obscurecer essa distinção é uma jogada comum de maximalistas da propriedade intelectual, e isso pode ter consequências humanas terríveis. Vernon Bowman, o agricultor de Indiana que perdeu seu caso contra a Monsanto, restando com um dano de 85 mil dólares. Aqueles perseguidos pelo download não autorizado de músicas têm enfrentado multas sufocantes para toda a vida, como os 220 mil dólares cobrados contra Jammie Thomas-Rasset, empregado da Mille Lacs Band of Ojibwe, por compartilhar vinte e quatro músicas. E, claro, há Swartz, martirizado por um promotor carreirista e um sistema de propriedade intelectual fora de controle.

---

[83] Ibid.

Anti-Star Trek

Como vimos nos capítulos anteriores, *Star Trek* fornece a fábula de uma sociedade igualitária e pós-escassez. Mas como ela se pareceria se tirássemos a parte do igualitarismo? Em outras palavras, dada a abundância material possibilitada pelo replicador, como seria possível manter um sistema baseado no dinheiro, no lucro e no poder de classe?

Economistas gostam de dizer que as economias capitalistas de mercado funcionam de maneira otimizada quando são usadas para alocar bens escassos. Como manter então o capitalismo em um mundo onde a escassez pode ser amplamente superada? Isso exige uma espécie de antítese do universo de *Star Trek*, que pegue as mesmas pré-condições técnicas e as projete em um conjunto diferente de relações sociais.

Conforme mencionado acima, a propriedade intelectual difere de outras propriedades, porque ela concede direitos não apenas sobre objetos concretos, mas sobre padrões e sobre todas as cópias e usos desses padrões – toda a infraestrutura de *Star Trek* se baseia em padrões que alimentam o replicador e que são utilizados como base para a fabricação de um objeto físico, assim como uma planta fornece as diretrizes para a construção de uma casa.

Assim, a lei de propriedade intelectual pode fornecer uma base econômica para o *anti-Star Trek*: protegendo a propriedade de dizer aos outros como usar as cópias de uma ideia ou de um padrão que você "possui". Então imagine que, ao contrário de *Star Trek*, nós não teríamos acesso completo aos nossos próprios replicadores; e que, para obter acesso a um replicador, você teria de comprar um de uma empresa que te daria o direito de usá-lo. Você não conseguiria que alguém te desse um replicador ou que te fizesse um com seu próprio replicador, porque isso violaria sua licença e criaria problemas com a lei para ambos. Além disso, toda vez que fizer algo com o replicador, você também precisaria pagar uma taxa para quem possuísse os direitos sobre essa coisa específica. O capitão Jean-Luc Picard tem o costume de caminhar até o replicador e pedir um "chá, Earl Grey, quente". Mas seu homólogo no universo do *anti-Star Trek* teria que pagar a empresa que tivesse registrado os direitos autorais do padrão do replicador para "chá, Earl Grey, quente" (presumivelmente, alguma outra empresa possuiria os direitos sobre o chá frio).

Algo um tanto parecido com o mundo do *anti-Star Trek* é retratado na série de quadrinhos *Transmetropolitan,* de Warren Ellis. A história está centrada em torno do frio jornalista Spider Jerusalem, enquanto ele cruza um mundo sombrio, violento e hedonista, em algum momento indeterminado no futuro. Spider tem um "fabricador", que parece ser algo como um replicador, embora um pouco mais estranho e mais imprevisível. E, além de matérias-primas, Spider precisa aguardar por uma nova temporada de "códigos do fabricador" para replicar coisas novas.

O modelo *anti-Star Trek* resolve o problema de como manter empresas capitalistas com fins lucrativos, pelo menos na superfície. Qualquer pessoa que tente prover suas necessidades a partir de seu replicador sem pagar aos cartéis de direitos autorais se tornaria um fora-da-lei, um Aaron Swartz, um Jammie Thomas-Rasset. Mas se todo mundo está constantemente sendo obrigado a desembolsar dinheiro em taxas de licenciamento, então as pessoas precisam de algum meio para ganhar dinheiro, e isso traz um novo problema. Com os replicadores por aí, não há necessidade de trabalho humano em qualquer tipo de produção física. Então, que tipo de empregos existiriam nessa economia? Aqui estão algumas possibilidades.

Haverá a necessidade de uma "classe criativa" de pessoas para inventar coisas novas para se replicar, ou novas variações de coisas antigas, que poderiam então ser protegidas por direitos autorais e usadas como base para futuras receitas de licenciamento. Mas isso nunca vai ser uma fonte muito grande de empregos, já que o trabalho necessário para criar um padrão que possa ser replicado infinitamente é muito menor do que trabalho necessário em um processo de produção tradicional onde o mesmo objeto é reproduzido infinitamente. Além disso, é muito difícil ganhar dinheiro em campos criativos, mesmo hoje. Há tanta gente disposta a fazer esse trabalho que vão acabar aceitando ofertas muito baixas até levarem os salários uns dos outros ao nível da subsistência – além das muitas pessoas que vão criar e inovar por conta própria, sem serem pagas para isso. Os capitalistas do *anti-Star Trek* provavelmente achariam mais econômico escolher entre as fileiras de criadores não remunerados, encontrar novas ideias que pareçam promissoras e depois comprar os criadores e transformar a ideia em propriedade intelectual da empresa.

Em um mundo em que a economia se baseia na propriedade intelectual, as empresas estarão constantemente processando umas às outras por alegadas infrações de direitos autorais e de patentes, por isso haverá a necessidade de muitos advogados. Isso proporcionará emprego para uma fração significativa da população, mas, novamente, é difícil ver isso como sendo suficiente para sustentar uma economia inteira, especialmente porque, como vimos na Introdução, quase tudo pode, em princípio, ser automatizado. Watson, o programa de computador da IBM que joga *Jeopardy*, já está automatizando o trabalho do pessoal nos níveis mais baixos de escritórios de advocacia. É fácil imaginar grandes empresas de propriedade intelectual bolando procedimentos para abrir processos judiciais em massa que dependam cada vez menos de advogados humanos, da mesma forma como funcionam os sistemas que detectam músicas protegidas por direitos autorais em vídeos online e que enviam automaticamente pedidos de remoção. Por outro lado, talvez acabe surgindo um equilíbrio onde cada indivíduo precisará manter pagamentos contínuos para algum advogado estar disponível quando necessário, porque ninguém poderia pagar pelo custo do software de advogado automático, mas ainda assim precisariam lutar contra ações judiciais de empresas tentando conquistar grandes indenizações por supostas violações.

À medida que o tempo passa, a lista de coisas possíveis de se replicar só vai crescer, mas o dinheiro das pessoas para comprar licenças – e seu tempo para apreciar as coisas que elas repliquem – não terá seu crescimento rápido o suficiente. Assim, o marketing se tornará mais importante, porque a maior ameaça aos lucros de uma determinada empresa não será o custo do trabalho ou das matérias-primas – elas não precisarão de muito (ou mesmo de um pouco) de qualquer um desses – mas sim a perspectiva de que as licenças que elas possuem percam em popularidade para as dos seus concorrentes. Por isso, haverá uma competição feroz e interminável para vender as propriedades intelectuais de uma empresa como superiores às da concorrência: Coca sobre a Pepsi, Ford sobre a Toyota, e assim por diante. Isso deve manter um pequeno exército empregado em publicidade e marketing. No entanto, mais uma vez, há o espectro da automação: os avanços na mineração de dados, na aprendizagem de máquinas e na inteligência artificial podem diminuir a quantidade de mão de obra humana necessária mesmo nesses campos.

Finalmente, qualquer sociedade como essa que descrevi – que esteja fundamentada na manutenção de grandes desigualdades de riqueza e de poder, mesmo quando estas tenham se tornado economicamente supérfluas –, exigirá uma grande quantidade de trabalho para evitar que os pobres e os desprovidos de poder peguem de volta uma parte do que os ricos e poderosos têm. Os economistas Samuel Bowles e Arjun Jayadev chamam esse tipo de ofício de "trabalho de segurança" e o definem como "os esforços de monitores, guardas e militares... dirigidos não para a produção, mas para fazer cumprir as reivindicações decorrentes de trocas, busca ou prevenção de transferências unilaterais de propriedade".[84] Esse trabalho inclui seguranças privados, policiais, militares, funcionários de prisões e de tribunais, e produtores de armas. Estima-se que

---

[84] Samuel Bowles e Arjun Jayadev, *Guard labor*, *Journal of Development Economics* 79: 2, 2006, p. 335.

cerca de 5,2 milhões de seguranças trabalhavam nos Estados Unidos em 2011.[85]

Estas seriam as principais fontes de emprego no mundo do *anti-Star Trek*: criadores, advogados, publicitários/*marketing* e seguranças. Parece pouco plausível, no entanto, que isso seria o suficiente – essa sociedade provavelmente estará sujeita a uma tendência persistente na direção do subemprego – especialmente se todos os setores, exceto o primeiro (e mesmo isso ainda é discutível) estarão sujeitos a pressões na direção de inovações tecnológicas de economia de mão de obra. Mesmo funções gerenciais de alto nível podem ser parcialmente automatizadas: em 2014, um fundo de capital de risco de Hong Kong chamado *Deep Knowledge* [Conhecimento Profundo] apontou para seu conselho um algoritmo[86], um programa chamado VITAL, que recebia voto em todos os investimentos.

Além disso, talvez até a "criatividade" não seja um talento exclusivamente humano (se reduzimos essa palavra à criação de padrões para o replicador). Em um artigo apresentado em uma conferência de 2014, da Associação de Maquinário de Computação, um grupo de pesquisas biomédicas apresentou um método para gerar automaticamente hipóteses plausíveis para que os cientistas possam testar, usando técnicas de mine-

---

[85] Samuel Bowles e Arjun Jayadev, *One nation under guard*, New York Times, Fevereiro, 2014.

[86] Rob Wile, *A venture capital firm just named an algorithm to its board of directors – here's what it actually does*, BusinessInsider.com, Maio, 2014.

ração de dados.[87] Essas abordagens poderiam eventualmente ser aplicadas a outros processos convencionais e interativos, como a criação de músicas pop ou jogos de celular.

Há também outra maneira das empresas privadas evitarem empregar trabalhadores para algumas dessas tarefas: transformá-las em atividades que as pessoas acharão prazerosas e, assim, farão de graça no seu tempo livre. O cientista da computação Luis von Ahn se especializou no desenvolvimento de tais "jogos com um propósito": aplicações que se apresentam aos usuários finais como diversões aprazíveis, mas que também realizam uma tarefa computacional útil, o que von Ahn chama de "computação humana".[88]

Um dos primeiros jogos de Von Ahn pedia aos usuários que identificassem objetos em fotos, e os dados eram retornados para um banco de dados que era usado para pesquisar imagens, uma tecnologia mais tarde licenciada pelo Google para melhorar sua busca de imagens. Em seguida, ele fundou a Duolingo, uma empresa que oferece exercícios gratuitos de treinamento de idiomas, e que ganha dinheiro convidando seus usuários a praticar suas habilidades linguísticas traduzindo documentos para empresas que pagam por este serviço. Talvez essa linha de pesquisa possa levar a algo como o romance *O Jogo do Exterminador*, de Orson Scott Card, na qual crianças

---

[87] Scott Spangler et al., *Automated hypothesis generation based on mining scientific literature*, em *Proceedings of the 20th ACM SIGKDD*, International conference on knowledge discovery and data mining, Nova York: *Association of computing machinery*, 2014.

[88] Edith Law e Luis von Ahn, *Human computation*, São Rafael, CA: Morgan & Claypool, 2011.

lutam remotamente em uma guerra interestelar através do que elas pensam ser videogames; de fato, a infraestrutura para tal objetivo já existe, sob a forma de drones bombardeiros operados remotamente.[89] Mas esse cenário é mais apropriadamente revisitado no capítulo sobre o Exterminismo.

Por todas essas razões, parece que o principal problema confrontando a sociedade *anti-Star Trek* é o problema da demanda efetiva: isto é, como garantir que as pessoas possam ganhar dinheiro suficiente para poder pagar as taxas de licenciamento das quais o lucro privado dependeria. Isso não é tão diferente do problema que confrontava o capitalismo industrial, mas torna-se mais severo conforme o trabalho humano é cada vez mais empurrado para fora do sistema, e os seres humanos tornam-se supérfluos como elementos de produção, mesmo que permaneçam necessários como consumidores.

No fim das contas, até mesmo o auto interesse capitalista exigirá alguma redistribuição da riqueza para baixo, a fim de dar suporte à demanda. A sociedade atinge um estado em que, como o socialista francês André Gorz colocou em seu livro de 1999, *Miséria do presente, riqueza do possível*, "a distribuição dos meios de pagamento deve corresponder ao volume de riqueza socialmente produzida e não ao volume do trabalho realizado".[90] Ou, para melhor traduzir: você merece um padrão de vida decente porque você é um ser humano e somos uma sociedade rica o suficiente para fornecê-lo e não por qualquer

---

[89] Orson Scott Card, *Ender's Game*, Nova York: Tor Books, 1985.
[90] André Gorz, *Reclaiming work: beyond the wage-based society*, trans. Chris Turner, Cambridge, UK: Polity Press, 1999, p. 90.

trabalho específico que você tenha feito para merecer isso. Então, em teoria, esta é uma possível trajetória para um mundo baseado em rendas de propriedade intelectual e não na produção de mercadorias físicas usando trabalho humano. Gorz está falando sobre algo como a renda básica universal, que foi discutida no capítulo anterior – o que significa que a trajetória de longo prazo do rentismo é se transformar em comunismo.

Mas aqui a classe dos rentistas capitalistas enfrentará um problema de ação coletiva. A princípio, seria possível sustentar o sistema por meio da tributação dos lucros das empresas rentáveis e redistribuindo o dinheiro de volta aos consumidores – possivelmente como uma renda básica universal, mas possivelmente também em troca da realização de algum tipo de trabalho sem sentido, criado apenas para manter as pessoas ocupadas. Contudo, mesmo que a redistribuição seja desejável do ponto de vista da classe como um todo, qualquer empresa privada ou pessoa rica estará tentada a ter benefício sobre pagamentos dos outros e, portanto, a resistir aos esforços pela imposição de um imposto redistributivo. Claro, o governo também poderia simplesmente imprimir dinheiro para dar à classe trabalhadora, mas a inflação resultante seria apenas uma forma indireta de redistribuição e também encararia resistência. Finalmente, existe a opção de financiar o consumo através do endividamento dos consumidores – mas isso simplesmente atrasa a crise de demanda ao invés de resolvê-la, como todos sabemos bem demais.

Tudo isso prepara o cenário para uma estagnação contínua e crises econômicas periódicas no mundo do *anti-Star Trek*. E aí, é claro, existem as massas. Será que o poder da ideologia seria forte o suficiente para induzir as pessoas a aceitar o estado de coisas que descrevi? Ou será que as pessoas começariam a se perguntar sobre o porquê da riqueza do conhecimento e da cultura estarem sendo enclausuradas por trás de leis restritivas, quando "outro mundo é possível" para além do regime de escassez artificial?

Socialismo: igualdade e escassez

A *Trilogia das três Califórnias*, de Kim Stanley Robinson, é um trio de romances em que cada um representa um possível futuro para o estado em que o autor vive nos EUA.[91] O primeiro romance, *A Costa Selvagem*, retrata a vida agrícola e simples dos sobreviventes de uma guerra nuclear, um conto que poderia caber no próximo capítulo, sobre o *exterminismo*. O segundo, *A Costa Dourada*, é uma distopia no estilo de J. G. Ballardian, com rodovias, condomínios e shoppings – talvez algo como uma distopia *rentista*.

O terceiro, *Borda do Pacífico*, porém, tem um quê de utopia ecológica pós-capitalista – e o próprio Robinson diz que é aquele onde mais gostaria de viver. Ele descreve a história de pessoas vivendo na região de Los Angeles e tentando reconstruir sua selva de cimento, transformando-a em algo mais verde e mais limpo. Robinson chama isso de "uma tentativa de pensar sobre como seria se reconfigurássemos a paisagem, a infraestrutura, os sistemas sociais".[92] Nesse sentido, o livro captura o espírito do nosso terceiro tipo ideal de sociedade: o

---

[91] Kim Stanley Robinson, *The wild shore*, Nova York: Tom Doherty Associates, 1984; *Gold coast*, Nova York: Tom Doherty Associates, 1988; *Pacific edge*, Nova York: Tom Doherty Associates, 1990.

[92] John Christensen e Kim Stanley Robinson, *Planet of the future*, BoomCalifornia.com, 2014.

socialismo, uma sociedade igualitária que precisa trabalhar em conjunto para reconstruir sua relação com a natureza.

Em *Borda do Pacífico*, nosso mundo forjado no capitalismo multinacional deu lugar a algo mais socialista e mais sensível ecologicamente, mas sem se transformar em uma completa rejeição primitivista da tecnologia moderna. As próprias pessoas se governam em pequena escala e trabalham juntas para construir uma economia sustentável. Nossa sociedade, no entanto, deixou muitos danos para serem reparados. As tensões na narrativa giram em torno da necessidade de, como Robinson colocou em uma entrevista, "restaurar aquela paisagem para algo decentemente habitável".[93] Isso não significa, de maneira nenhuma, recuperar a natureza como era antes da intervenção humana, mas sim organizar uma nova relação entre as pessoas e seu ambiente; um grande elemento da trama trata do dilema sobre se uma área selvagem deveria ser deixada totalmente intocada ou se deveria ser adaptada ao uso humano. Em geral, o conflito é sobre como reconhecer e controlar os resíduos e o desperdício resultantes da civilização humana, ao invés de imaginar que poderíamos algum dia nos separar da natureza.

No começo do livro, alguns personagens estão fresando uma rua antiga para que o asfalto possa ser enviado para reciclagem. Encontrando um sinal de trânsito aparentemente supérfluo, eles têm este diálogo:

---

[93] Istvan Csicsery-Ronay e Kim Stanley Robinson, *Pacific overture: an interview with Kim Stanley Robinson*, LAReviewofBooks.org, 2012.

O ar se aquecia conforme a manhã passava. Eles encontraram uma terceira caixa de semáforo, e Doris franziu a testa. "As pessoas desperdiçavam tanto".

Hank disse: "toda cultura desperdiça tanto quanto pode se dar ao luxo de desperdiçar".

"Não. São apenas valores nojentos".

"Mas e os escoceses?", perguntou Kevin. "Dizem que eles eram realmente parcimoniosos".

"Mas eles eram pobres", disse Hank. "Eles não podiam se dar ao luxo de não serem parcimoniosos. Isso prova meu ponto".

Doris atirou uma pedra em um container. "A parcimônia é um valor, independente das circunstâncias".

"Dá pra ver porque eles largavam essas coisas por aqui", disse Kevin, tocando nas caixas de eletricidade. "É uma merda remover essas ruas, e ainda tem todos esses carros".

Doris sacudiu seus curtos cabelos pretos. "Você está entendendo tudo ao contrário, Kev, assim como o Hank. São os valores que você tem que dirigem suas ações, e não o contrário. Se eles tivessem se importado o suficiente, teriam limpado toda essa merda daqui e a usariam, assim como nós".

"Eu acho".[94]

Minha descrição de uma sociedade comunista no capítulo 1 mostra um mundo como o de *Borda do Pacífico*, mas sem as restrições da escassez e da devastação ecológica. A maneira como retratei aquele mundo concorda implicitamente com Hank: eles desperdiçavam tanto quanto podiam se dar ao luxo

---

[94] Robinson, *Pacific edge*, pp. 5–6.

de desperdiçar, e a base tecnológica daquela sociedade significava que ela não precisaria se preocupar muito com a preservação. Este capítulo trata do que acontece quando você precisa descobrir como viver dentro de seus meios restritos, ao mesmo tempo em que proporciona a todos a melhor vida possível.

Capitalismo e escassez

A economia política do capitalismo tem se preocupado com o problema da escassez desde sua criação, mas nunca de forma constante ou consistente. Em particular, sempre tem havido um receio compreensível de que a dinâmica de crescimento infinito e acelerado do capitalismo possa entrar em colapso diante do esgotamento dos insumos para esse crescimento, sejam eles insumos de energia como o carvão e o petróleo, ou de matérias-primas, como a madeira e o ferro. Contudo, embora recursos escassos tenham exercido influência sobre o desenvolvimento capitalista em vários pontos ao longo de sua história, isso ocorreu de maneira que repetidamente pegou de surpresa os teóricos do sistema.

Escrevendo na virada do século XVIII para o XIX, Thomas Malthus se preocupava com os limites da produtividade agrícola, que combinados com a propensão inevitável dos pobres para se reproduzir, significaria que seria impossível alcançar crescimento populacional em conjunto com prosperidade econômica crescente. Até hoje, aqueles que afirmam que o capitalismo está, em última instância, limitado pela capacidade de carga da Terra são popularmente referidos como "malthusianos", mesmo se as formas específicas de escassez que eles apontam forem muito diferentes daquelas em que Malthus estava interessado.

A visão de Malthus acabou não levando em conta os fatores que têm permitido que a Terra mantenha uma população muito maior e com padrões de vida mais elevados do que seria possível 200 anos atrás, começando pelo aumento da produtividade agrícola. No entanto, o tema geral de limites materiais para o crescimento é recorrente em tratados sobre o capitalismo, tanto na linha dominante como na crítica de esquerda.

Stanley Jevons, um dos pais da economia dominante moderna, se preocupava com uma questão que ainda é central para economias industriais e pós-industriais: a escassez de energia. Em seu livro de 1865, *A Questão do carvão*, Jevons analisou o crescimento econômico britânico e sua dependência da drenagem das reservas de carvão.[95] Ele projetou que dentro de menos de um século o crescimento econômico travaria, à medida que a produção de carvão atingisse o pico e declinasse. Além disso, ele via os esforços pela conservação da energia como inevitavelmente condenados. Defendendo aquilo que viria a ser conhecido como "paradoxo de Jevons", ele argumentava que o aumento da eficiência energética simplesmente levaria a um maior consumo porque a energia mais barata seria mais usada.

O que Jevons não poderia saber era que, embora sua avaliação sobre as reservas de carvão estivesse correta em termos gerais, as economias capitalistas avançadas mudariam em bre-

---

[95] Stanley Jevons, *The coal question: an inquiry concerning the progress of the nation and the probable exhaustion of our Coal-mines*, Londres: Macmillan, 1865.

ve sua base energética para o petróleo. Os leitores de hoje, no entanto, podem estar familiarizados com a contrapartida moderna das especulações de Jevons, a teoria do "pico do petróleo". Originada por M. King Hubbert, um geólogo da metade do século XX, essa teoria usa um raciocínio semelhante ao de Jevons: observando o pico e o declínio de reservas facilmente acessíveis, esses teóricos afirmam que o mundo está caminhando para um período de inevitável estagnação econômica resultante do esgotamento das reservas de petróleo. A teoria ganhou credibilidade quando a previsão de Hubbert, de que os Estados Unidos atingiriam o pico do petróleo na década de 1970 em grande medida, se tornou realidade.[96]

Em Jevons, a respeito do carvão, o pico do petróleo depende da ideia de que seria impossível fazer a transição da economia do petróleo rumo a uma combinação de outras fontes de energia menos limitadas, como a energia solar, eólica, hidrelétrica, gás natural e nuclear. Porém, agora temos um imperativo adicional e mais urgente: mesmo se as reservas de petróleo fossem ilimitadas, sabemos que a queima de hidrocarbonetos introduziu mudanças irreversíveis no clima da Terra, com consequências medonhas para a civilização humana. Algumas das mudanças são irreversíveis e devemos simplesmente nos adaptar; não obstante, é urgente reduzir massivamente as emissões de carbono, a fim de evitar cenários mais apocalípticos.

---

[96] Para um exemplo de trabalho recente influenciado pela teoria de Hubbert, ver Kenneth S. Deffeyes, *Hubbert's peak: the impending world oil shortage*, Princeton, NJ: Princeton University Press, 2008.

Como Christian Parenti tem argumentado em muitos de seus trabalhos sobre a crise climática, uma transformação de enormes proporções em uma escala de tempo muito curta será necessária se quisermos preservar um mundo decente e habitável para toda a humanidade. O *Painel intergovernamental das Nações Unidas sobre mudanças climáticas* projeta que, para evitar ciclos de retroalimentação catastróficos em nível global e pontos de inflexão, os países ricos precisam reduzir suas emissões de carbono em até 90% até 2050. A gravidade do desafio e o curto período de tempo para agir significam que, como diz Parenti: "são estas instituições e esta sociedade que precisam reduzir as emissões".[97] Esse desafio ainda está longe de ser a derrubada do capitalismo e ainda implica no desafio monumental de derrubar os poderosos interesses que lucram com os destrutivos combustíveis fósseis.

Para além da distopia

A verdadeira questão não é se a civilização humana pode ou não sobreviver às crises ecológicas, mas se todos nós seremos capazes de sobreviver juntos, de maneira razoavelmente igualitária. Embora a extinção da humanidade como resultado de mudanças climáticas seja possível, ela é altamente improvável. Apenas um pouco mais plausível seria o colapso da sociedade e um retorno a algum tipo de nova Idade das Trevas pré-moderna. Manter uma sociedade complexa e tecnologicamente

---

[97] Christian Parenti, *A radical approach to the climate crisis*, Dissent, Verão de 2013.

avançada exige, sem dúvida, um grande número de pessoas. No entanto, não exige necessariamente todos os 7 bilhões de habitantes, e a premissa deste livro é que o número de pessoas necessárias está em declínio devido aos desenvolvimentos técnicos descritos na introdução.

Por esta razão, não devemos dar peso ao "debate" cínico sobre a existência ou não de mudanças climáticas, que persiste na mídia e na política – principalmente nos Estados Unidos. Debater a realidade das mudanças climáticas causadas pelo homem não é mais relevante ou produtivo. Aqueles que negam a ciência climática não rejeitam genuinamente essa ciência, mas são indiferentes ao seu impacto. Eles são, em outras palavras, pessoas suficientemente ricas e poderosas para acreditar que podem escapar até mesmo dos piores cenários possíveis, enquanto impõem o custo disso sobre o resto da população, contanto que nossa estrutura social atual seja mantida. Portanto, eles serão mais apropriadamente considerados no próximo capítulo, sobre o *exterminismo*.

Como as mudanças climáticas e a destruição ecológica são inevitáveis, a única questão relevante é a forma como organizaremos uma resposta. A premissa deste capítulo é que os problemas de escassez de recursos e as limitações ecológicas não podem ser dispensados facilmente. (No capítulo sobre o comunismo, ao contrário, pudemos argumentar que as limitações ecológicas e de recursos poderiam, em última instância, ser transcendidas através de tecnologias melhores). O economista político da Universidade de Utah, Minqi Li, por exemplo, tem escrito sobre as massivas transformações de infraestrutura que serão necessárias para mover o mundo rumo a uma base de energia renovável. "A construção de usinas, estações de força e outras instalações elétricas", escreve, "requer não apenas recursos financeiros, mas também trabalhadores, técnicos e engenheiros com habilidades e conhecimentos especiais, bem como equipamentos e materiais que precisam ser produzidos por fábricas especializadas".[98] Isso implica algum tipo de projeto centralizado e orientado pelo Estado que possa mobilizar recursos e mão de obra de uma maneira que está além das capacidades do livre mercado ou do princípio comunista do "grátis para todos" do primeiro capítulo.

Apesar disso, é importante não ficarmos presos em fábulas de apocalipse, a uma resignação niilista e a uma crença de que nada pode ser feito. Sempre houve uma veia apocalíptica na esquerda. Isso é um tanto compreensível, dado o estado atual de nossa política: em termos técnicos, nós somos capazes de identificar ações que oferecem uma esperança de como evitar o desastre, mas estas parecem tão gigantescas e os obstáculos políticos tão grandes que se tornam praticamente impossíveis. Nós *poderíamos* realizar um *Green New Deal*, que substituiria nosso sistema de energia baseado em carbono por energia eólica, solar e outras fontes renováveis; nós *poderíamos* construir trens de alta velocidade e outros meios de transporte de massa para tirar o automóvel de combustão fóssil do centro do nosso sistema de transporte; nós *poderíamos* talvez até mesmo remediar alguns dos piores impactos das emissões de carbono que

---

[98] Minqi Li, *Capitalism, climate change and the transition to sustainability: alternative scenarios for the US, China and the world*, Development and Change 40: 6, 2009, p. 1,047.

estão atualmente em curso, por meio de tecnologias de captura e sequestro de dióxido de carbono.

Mas quem vai financiar e como um projeto de lei do tipo passará pelo Congresso? As perspectivas no curto prazo parecem sombrias. Assim, pode ser perversamente reconfortante pensar que alcançar um mundo melhor não seria apenas difícil, mas na verdade impossível.

Qualquer pessoa cuja rede social inclua liberais de mentalidade ecológica sem dúvidas tem visto a propagação de vários relatos sobre a catástrofe climática, acompanhados da ideia implícita ou explícita de que todos estamos condenados. Muitas das descobertas vindas da ciência climática são genuinamente aterradoras – como o encolhimento da camada de gelo da Antártica Ocidental, que está ocorrendo muito mais rapidamente do que qualquer especialista esperava, mesmo há alguns anos atrás. Porém, mesmo esses eventos que definem eras, e que em termos geológicos estão acontecendo quase que instantaneamente, se desdobrarão ao longo de décadas ou séculos. Isso é uma eternidade na perspectiva humana. Assim, embora seja difícil imaginar nossa sociedade lidando com mudanças ambientais dessa magnitude, não é mais difícil do que lembrar dos regimes de 1914 enfrentando os distúrbios do século passado. Duas guerras mundiais! Genocídio industrializado! Armas nucleares! Isso tudo provavelmente teria reduzido um socialista de uma geração anterior às lágrimas; uma Rosa Luxemburgo poderia concluir que a humanidade já sucumbiu à barbárie, transformando qualquer esperança de socialismo em pouco mais do que um sonho.

Ainda assim, nós atravessamos tudo isso, para o bem ou para o mal. O perigo maior – como veremos no próximo capítulo – não é o de que simplesmente despenquemos do penhasco climático, mas sim que a civilização humana acabe se ajustando à catástrofe climática, criando uma existência confortável apenas para uma pequena classe dominante, encasulada em suas bolhas de riqueza espalhadas por um vasto mundo de privação.

O fatalismo é o complemento perfeito para a positividade igualmente fútil que permeia o discurso burguês, e que pode aparecer em forma de chavões de pensamento positivo de autoajuda, como dissecado por Barbara Ehrenreich em seu livro *Sorria: como a promoção incansável do pensamento positivo enfraqueceu a América*.[99] Ela observa que o poder do pensamento positivo é, muito frequentemente, promovido como um paliativo, uma forma de se resignar a uma realidade negativa ao invés de questioná-la e resistir a ela. *Pense e enriqueça* era o título de um dos primeiros clássicos do gênero de autoajuda, e sua mensagem básica tem sido propagada por vários vendilhões em uma linhagem que se estende por todo o caminho até chegar ao campeão de vendas promovido por Oprah Winfrey, *O segredo*.[100] Infelizmente, o pensamento positivo não acarreta utopia mais do que o pensamento negativo acarreta apocalipse.

---

[99] Barbara Ehrenreich, *Bright-sided: how positive thinking is undermining America*, Nova York: Metropolitan Books, 2009.
[100] Napoleon Hill, *Think and grow rich*, Meridien, CT: Ralston Society, 1938; Rhonda Byrne, *The secret*, Australia: Atria Books, 2006.

Outra versão desta crença é o utopismo de araque dos plutocratas do Vale do Silício. Do Facebook ao Uber, esses barões ladrões da nova geração brilham em autossatisfação enquanto insistem que o mercado solucionaria todos os nossos problemas e traria prosperidade a todos, se ao menos saíssemos do caminho e parássemos de insistir sobre nossos piedosos padrões de trabalho e regulações de mercado.

A charada toda é uma evasiva em relação à política, seja sob o disfarce da direita utópica ou da esquerda niilista. A classe dominante nos diz que o futuro é inevitavelmente brilhante; os pessimistas mais à esquerda garantem a si mesmos que o futuro é inevitavelmente sombrio. O resultado: a esquerda recebe parcas satisfações emocionais por estar certa, enquanto nossos oponentes recebem sua recompensa de uma forma bem mais tangível.

Amando nossos monstros

Suponhamos que seremos capazes de enfrentar o desafio imediato a curto prazo e evitar mudanças climáticas catastróficas. Suponhamos, além disso, que seremos capazes de transformar nossa sociedade estratificada em classes em algo mais igualitário, onde todos poderiam aproveitar os frutos da tecnologia e na qual o trabalho na produção seria relativamente mínimo – se não totalmente desnecessário. Nós continuaríamos lidando com as consequências ecológicas do capitalismo, muitas das quais inevitáveis e que estão agora seladas; além disso, teremos de reconstruir tudo, desde nossas cidades até nossas redes de transporte e nossas redes elétricas, de acordo com uma nova maneira de nos relacionarmos com os ecossistemas. A fim de considerar que tipo de sistema social poderia assumir essa tarefa, vale a pena parar um momento para caracterizar a relação entre seres humanos e a natureza em qualquer futuro mundo pós-capitalista.

As considerações sobre ecologia muitas vezes tendem a uma dualidade entre os seres humanos – com suas tecnologias – e a natureza. Falar em conservação ou em redução das nossas "pegadas de carbono" implica que a natureza existiria em algum estado primitivo e que a tarefa dos humanos seria a de se retirar da natureza para salvá-la. Esse modo de pensar é, em última instância, uma negação dos seres humanos como seres naturais, biológicos, inseparavelmente parte da natureza – tanto quanto, à sua maneira, aquelas formas de transhumanismo que desejam transferir a consciência para computadores, a fim de se verem livres do mundo orgânico por completo.

A visão de que, na ausência de interferências humanas, a natureza existiria em algum equilíbrio estável e atemporal traz uma profunda má compreensão sobre o mundo físico, que é caracterizado por desequilíbrios, rupturas e mudanças constantes. A história natural estava repleta de casos de superpopulação, mortes em massa, extinções e mudanças climáticas muito antes dos humanos entrarem em cena. Se você enxergar a ecologia como o projeto de preservação de uma natureza imutável, inevitavelmente acabará como um niilista apocalíptico: não há como preservar a natureza "como ela é" ou restaurá-la a algum estado primitivo – pelo menos não se quisermos também preservar as sociedades humanas.

No fim a natureza não se preocupa conosco; ela não tem interesses nem desejos; ela simplesmente existe. Um terreno pós-apocalíptico povoado por baratas e ratos é tanto um sistema ecológico quanto um mundo abundante e verdejante, povoado por cada criatura da arca de Noé. Quem, exceto nós humanos, vai dizer que um é melhor que o outro? Qualquer tentativa de manter o clima, ou os ecossistemas ou as espécies é, em última instância, realizada porque atende às necessidades e desejos dos seres humanos, quer seja para nos sustentar diretamente ou para preservar características do mundo natural que aumentam a qualidade de nossas vidas. A razão para se evitar um futuro em que vivamos em cúpulas fechadas cercadas por uma devastação sem vida é que essa seria uma maneira horrível de se viver. Mesmo que alguns ambientalistas possam apenas querer salvar as baleias, isso também se resume à prioridade que eles colocam em poder viver em um mundo com baleias. Quanto às formas mais extremas de "ecologia profunda", que consideram a humanidade como uma praga sobre a natureza que merece ser erradicada – estas apenas reduzem a um absurdo a ecologia centrada no ser humano, na tentativa de escapar dela, conforme projetam seu próprio niilismo sobre um mundo indiferente.

A *Trilogia de Marte* de Kim Stanley Robinson pode ser lida como uma crítica e uma explicação da diferença entre a ecologia centrada no ser humano e a adoração da natureza. Os livros seguem os primeiros colonos em Marte, durante uma luta que dura centenas de anos para terraformar o planeta para habitação humana. No primeiro livro, *Marte Vermelho*, o planeta ainda foi pouco tocado, enquanto que no livro final, *Marte*

Azul, ele está coberto de vegetação, rios e mares.[101] Aqueles que apoiam este processo – a destruição do ambiente marciano original – são conhecidos como "verdes", enquanto que aqueles que endossam manter o planeta na sua forma original – e, portanto, incapaz de habitação humana – são os "vermelhos". Nesse caso, a tarefa humana de moldar o mundo natural em torno de nossas necessidades está separada do impulso pela preservação de ambientes naturais particulares como um fim em si mesmo.

De volta aqui à Terra, o ecologista Eugene Stoermer e outros têm proposto que vivemos em uma era que deveria ser chamada de Antropoceno, o período de tempo geológico em que os humanos passaram a ter um grande impacto sobre os ecossistemas terrestres. Alguns ecologistas de esquerda desconfiam desse termo, o enxergando como uma forma de culpar a todos os humanos pelos danos ecológicos e não os capitalistas, especificamente.[102] Mas não precisa ser assim; o Antropoceno pode simplesmente ser um reconhecimento de que a ecologia deve sempre girar em torno de preocupações humanas. A questão, em outras palavras, não é sobre como iremos reduzir nosso impacto sobre a natureza, mas como poderemos gerenciar e cuidar melhor dela.

---

[101] Kim Stanley Robinson, *Red Mars*, Nova York: Bantam Books, 1993; *Blue Mars*, Nova York: Bantam Books, 1996.

[102] Para um exemplo, ver Andreas Malm, *Fossil capital: the rise of steam power and the roots of global warming*, Nova York e Londres: Verso Books, 2016.

O sociólogo francês Bruno Latour fez a mesma observação através de sua leitura do conto seminal de ficção científica de Mary Shelley, *Frankenstein*. Esta história não é, ele observa, a advertência contra a tecnologia e a arrogância da humanidade que muitas vezes a fazem parecer.[103] O verdadeiro pecado de Frankenstein (que é o nome do cientista e não do monstro) não estava em fazer a sua criatura, mas em abandoná-la no ermo ao invés de amar e cuidar dela. Essa, para Latour, é uma parábola sobre nossa relação com a tecnologia e a ecologia. Quando as tecnologias que criamos acabam por ter consequências imprevistas e terríveis – aquecimento global, poluição, extinções –, recuamos horrorizados. No entanto não podemos – e nem devemos – abandonar a natureza agora. Não temos escolha senão nos envolvermos cada vez mais na mudança consciente da natureza. Não temos escolha senão dar amor ao monstro que criamos, para que ele não se volte contra nós e nos destrua. Isso, diz Latour, "exige mais de nós do que simplesmente abraçar a tecnologia e a inovação"; exige uma perspectiva que "considere o processo do desenvolvimento humano não como uma libertação em relação à natureza, nem como uma decadência em relação a ela, mas sim como um processo em que nos tornamos cada vez mais vinculados a – e mais íntimos de – uma miríade de naturezas não-humanas".[104]

Para dar um pequeno exemplo, considere o projeto RoboBee, atualmente em desenvolvimento na Universidade de

---

[103] Bruno Latour, *Love your monsters*, *Break Through* 2, Inverno de 2012.
[104] Ibid.

Harvard. Seu objetivo é produzir pequenos robôs que possam imitar as ações dos insetos, em uma colaboração que inclui biólogos, roboticistas e engenheiros. Dadas as preocupações atuais, o primeiro pensamento de muita gente tenderá para o uso potencial desta tecnologia para a vigilância militar, uma possibilidade que o próprio projeto indica em seu site sem desconforto aparente. Contudo, essa tecnologia também poderia ser usada para preencher buracos nos ecossistemas, criados pelos seres humanos. Ao polinizar plantas, por exemplo, abelhas robotizadas poderiam mitigar alguns dos efeitos do colapso de colônias que tem devastado populações de abelhas nos Estados Unidos desde 2006. Este é um fenômeno misterioso no qual as abelhas operárias abandonam suas colmeias e deixam para trás a rainha e as jovens para morrer. Lidar com tais transtornos ecológicos através de intervenções técnicas sem dúvida trará consequências não intencionais, assim como todas as nossas modificações anteriores sobre o meio ambiente. Mas, como observa Latour, não parece haver muita escolha neste momento, além de aprofundar nosso engajamento com a natureza.

Ecossocialismo e o Estado

Qual a melhor forma de amar os nossos monstros? A reconstrução da sociedade em linhas ecologicamente sustentáveis implica um papel importante para os governos e outras grandes organizações. Quando estávamos considerando o comunismo, isso podia ser deixado de lado, já que as pessoas podiam se dar ao luxo de se associar livremente e de perseguir seus desejos sem afetar negativamente aos outros. No entanto, aprender a viver juntos em um planeta danificado e com recursos restritos exige soluções em uma escala maior.

Em primeiro lugar, é claro, há a necessidade de reduzir as atuais causas das mudanças climáticas, como as usinas de energia de carvão e de petróleo vomitando carbono na atmosfera. Felizmente, existem soluções, se os obstáculos políticos puderem ser superados. Embora as fontes de energia cinética como a eólica, maremotriz e geotérmica sejam úteis, a energia solar é provavelmente a alternativa mais significativa aos combustíveis fósseis. Naturalmente, o sol representa, de longe, a melhor fonte potencial de energia disponível na Terra; ao cobrirmos, mesmo que uma pequena fração da superfície terrestre com painéis solares, poderíamos gerar enormes quantidades de energia. Além disso, a tecnologia solar tem avançado rapidamente, de uma novidade economicamente inviável para uma alternativa real. Em 1977, o preço dos painéis solares fotovoltaicos era de 76,67 dólares por watt; até 2013, já havia caído para 0,74 centavos de dólares por watt. Além disso, um dos principais obstáculos para a produção de energia solar em larga escala, a necessidade de uma nova tecnologia de baterias para armazenar a energia quando o sol não estiver brilhando, pode cair em breve. Em março de 2016, a *ARPA-ENERGY* [Agência de Projetos de Pesquisa Avançada - Energia] anunciou um grande avanço nesta área, com o potencial de transformar a rede de energia existente.

Mesmo a energia nuclear pode desempenhar algum papel, ainda que provavelmente marginal, devido aos altos custos e ao longo tempo de construção dos reatores nucleares – e, de qualquer maneira, a dependência da energia nuclear deve ser considerada como um tampão de emergência por causa de seus riscos inerentes. (O avanço mais significativo em energia limpa nesse sentido seriam os reatores de fusão nuclear sustentada, o que poderia gerar enormes quantidades de energia sem os perigos e os subprodutos tóxicos da tecnologia de fissão nuclear atual. Porém, embora os cientistas consigam criar reações de fusão em laboratório, ainda estão muito longe de serem capazes de fazê-lo de uma forma que gere mais energia do que consuma – longe demais para incluirmos, mesmo em um trabalho especulativo como este, particularmente devido a curta escala de tempo da crise climática).

Simplesmente eliminar gradativamente a energia suja, no entanto, não será mais o suficiente. Também teremos de adotar medidas para reverter o que já aconteceu, removendo o carbono do ar. Alguns ambientalistas se opõem a tais técnicas de "captura de carbono", acreditando que seriam estratagemas para justificar o uso contínuo de fontes de energia poluentes. Contudo, uma combinação de energia limpa juntamente com a captura e o sequestro de carbono é a melhor esperança para uma transição relativamente benigna para além da era da energia do carbono.

Além de transformar a infraestrutura maior, há também a necessidade de reconstruir nossas vidas cotidianas. Isso implica a substituição de nossas metrópoles com subúrbios sem fim por localidades mais densamente povoadas, conectadas pelo transporte público. Mas, à medida que reconstruirmos a cidade, não devemos negligenciar a necessidade de refazer o campo também. Entulhar todo mundo em densos blocos de apartamentos nega a necessidade de espaço e de vegetação que em parte motiva o desejo de se viver no subúrbio.[105] O espaço fora das cidades deveria ser imaginado não como uma região selvagem intocada, mas mais como a descrição de Latour da natureza construída pelo homem nos parques nacionais da França: "um ecossistema rural completo com correios, estradas bem cuidadas, pastos subsidiados e lindas vilas".[106] Tudo isso conectado às cidades, presumivelmente, por meio de um sistema limpo de trens de alta velocidade.

A lista de necessidades de reconstrução continua: a adaptação das áreas costeiras ao aumento das inundações, por exemplo, um processo que já está em andamento, com engenheiros holandeses trazendo seus conhecimentos de séculos para locais cada vez mais propensos a inundações, como Nova York. Sendo assim, como organizar esse trabalho, se estamos assumindo um mundo para além do salário? Mais uma vez, é claro, as máquinas e a automação tendem a dar conta do desafio. Mas, na medida em que os seres humanos forem necessários, algum tipo de serviço nacional poderia substituir o trabalho desperdiçado que hoje é canalizado para o aparato militar.

---

[105] N. do T.: nos EUA, o "subúrbio" tende a se referir mais a bairros residenciais com casas espaçadas entre si e distantes dos centros comerciais e empresariais, do que a bairros distantes com prédios e apartamentos. É um modelo diretamente dependente de carros para o deslocamento, e por consequência, de combustíveis fósseis.
[106] Ibid.

O mercado como plano

Finalmente, há a questão do consumo. Haverá uma necessidade urgente de lidarmos com a escassez, mas não a escassez de mão de obra ou de bens, como no modelo padrão do capitalismo. Se assumirmos um replicador verdadeiramente perfeito, mesmo a agricultura poderia ser eliminada em favor de hambúrgueres feitos por máquinas, idênticos aos verdadeiros. Em vez disso, são os insumos básicos para a produção – talvez a água ou outras matérias-primas, ou apenas a energia – que deverão ser racionados. Isso requer algum tipo de planejamento econômico.

O planejamento estava no centro de muitos dos principais debates em torno do socialismo no século xx. O Estado seria capaz de planejar cada detalhe de produção para cada bem de consumo? Ele deveria se limitar a controlar certas indústrias-chave? O mercado poderia ser usado para coordenar a produção em uma sociedade que ainda merecesse o nome de "socialista"?

O planejamento também aparece em muitas ficções científicas que tentam teorizar uma sociedade pós-escassez. O romance de Ken MacLeod, *A divisão Cassini,* se passa no século xxiv, onde a humanidade colonizou o sistema solar e formou várias sociedades distintas, uma das quais é conhecida como União Solar; em determinado ponto, o autor descreve "máquinas de *Babbage* operando suas matrizes de equilíbrio material de Leontiev".[107] O nome de Wassily Leontiev, que retornará no próximo capítulo, evoca a era do planejamento soviético como retratada em *Abundância vermelha*, de Francis Spufford – uma ficção especulativa sobre o passado, que dramatiza ficcionalmente as tentativas do matemático Leonid Kantorovich de encontrar uma maneira matematicamente tratável de gerir uma economia planejada.[108]

2312, de Kim Stanley Robinson, descreve um sistema pelo qual "a economia anual total do sistema solar podia ser especificada em um computador quântico em menos de um segundo".[109] A computação quântica é um sonho há muito perseguido na ciência da computação, que postula que os princípios da mecânica quântica podem ser usados para construir computadores que seriam absurdamente mais rápidos do que os que temos hoje. A alusão de Robinson, portanto, é às máquinas que poderiam resolver os problemas incrivelmente complexos de planejamento econômico que estavam simplesmente fora do alcance da tecnologia da era soviética. Em um aceno a *Abundância vermelha*, o sistema econômico é referido como o "modelo cibernético soviético Spuffordizado";[110] e, em outra piada interna esquerdista, Robinson diz que o sistema é conhecido alternativamente como o "modelo Albert-Hahnel", se referindo aos teóricos econômicos de esquerda

---

[107] Ken MacLeod, *The Cassini division*, Nova York: Tor Books, 2000, p. 62.

[108] Francis Spufford, *Red plenty*, Londres: Faber and Faber, 2010.

[109] Kim Stanley Robinson, 2312, Nova York: Hachette Book Group, 2012, p. 125.

[110] Ibid.

Michael Albert e Robin Hahnel, cujo aparato conceitual de "economia participativa" [Parecon] tenta projetar um sistema de planejamento econômico que responda às necessidades dos indivíduos ao invés de conferir as decisões de planejamento a uma burocracia.

Claramente, o planejamento está na mente de muitos que pretendem imaginar uma sociedade futura pós-capitalista com uma economia viável. No entanto, todos esses exemplos são tentativas de responder ao antigo problema do século XX, o problema do planejamento da produção; se assumíssemos o replicador, como nos capítulos anteriores, esse não seria o problema. Para os bens de consumo, pelo menos, as pessoas poderiam simplesmente produzir o que quisessem, por si mesmas. No entanto, o futuro de recursos limitados ainda enfrenta o problema do gerenciamento do *consumo* – ou seja, precisamos de uma forma de alocar as entradas escassas que alimentam o replicador.

Aqui, a renda básica universal, introduzida no primeiro capítulo, poderia ser útil novamente. No contexto que estamos descrevendo, a renda básica universal desempenharia uma função bem diferente daquela desempenhada pelos salários no capitalismo, e funcionaria para racionalizar e planejar o consumo através do mecanismo do mercado.

Isso pode parecer estranho de se dizer em um capítulo intitulado "socialismo". Alguns socialistas enxergam o mercado como sendo intrinsecamente incompatível com um pós-capitalismo desejável. Para eles, o mercado é um componente fundamental do que há de errado com o capitalismo e uma fonte de atomização e alienação. De acordo com essa linha de argumentação, como os mercados usam dinheiro e mercadorias para mediar nossas relações com as outras pessoas, eles seriam inerentemente menos sociáveis e humanos do que outras formas de organizar a nossa vida econômica, como o envolvimento em escambo, em formas autossuficientes de atender nossas necessidades em uma comuna, ou implementando uma economia totalmente planejada em que todas as empresas seriam socializadas e as decisões sobre produção e distribuição seriam feitas através de um processo político. Certamente essa crítica tem algum mérito, particularmente em uma sociedade capitalista onde as relações de mercado tendem a permear todos os aspectos de nossas vidas e a submeter até mesmo as decisões mais pessoais às forças impessoais.

No entanto, para qualquer tipo de bem ou serviço, o mercado também pode ser considerado como uma tecnologia, com significados e efeitos muito diferentes, dependendo da estrutura social maior a que ela estiver incorporada. Em uma sociedade como a nossa, caracterizada por concentrações extremas de riqueza e de renda, o mercado aloca o poder social em proporção ao dinheiro – produzindo assim uma sociedade de "um dólar, um voto".

Considere o exemplo de empresas como o serviço de compartilhamento de veículos Uber, o site de terceirização de tarefas TaskRabbit e o mercado de aluguel imobiliário de curto prazo no AirBnB. Todos apresentam a si mesmos como parte da "economia do compartilhamento", na qual indivíduos fariam pequenos intercâmbios de bens e serviços sob condições de igualdade fundamental. A ideia é que eu possa alugar meu apartamento quando estiver de férias e contratar você para me levar para algum lugar quando você estiver de folga – todos nós acabaríamos com um pouco mais de conforto e um pouco mais de dinheiro. Nesse caso, ninguém teria riqueza e poder suficientes para explorar qualquer outra pessoa, o que faria deste um bom exemplo do que o sociólogo Erik Olin Wright chama de "capitalismo consentido entre adultos", que teriam o mesmo poder no mercado.[111]

Na forma como existem agora, essas empresas na verdade só demonstram o quão desigual e não consensual é nosso sistema. Elas são desiguais de duas maneiras diferentes. Existe desigualdade entre os compradores e os vendedores de serviços nesses sistemas: pessoas empregadas através do TaskRabbit podem fazer muito pouco para desafiar demandas abusivas ou irracionais por medo de serem demitidas. Muitas propriedades no AirBnB são administradas por empresas que são essencialmente cadeias de hotéis não-licenciadas, e não por pessoas deixando livre um quarto por alguns dias. Além do mais, as próprias empresas, apoiadas por grandes capitalistas de risco, possuem poder sobre compradores e vendedores porque controlam as plataformas nas quais a troca ocorre e podem alterar as regras à vontade para maximizar seus lucros. Vemos isso de forma notória no caso do Uber, que tem provocado greves e protestos de seus motoristas devido à sua tendência em mudar arbitrariamente suas tarifas e condições de trabalho.

Mas se nós assumimos um mundo em que todos tenham uma renda básica e ninguém tenha o controle sobre vastas re-

---

[111] Erik Olin Wright, *Transforming capitalism through real utopias*, *American Sociological Review* 78: 1, 2013, p. 7.

servas de riqueza, essa objeção desaparece. Pense na renda básica como seu cartão de racionamento, que te dá acesso à sua parcela de tudo o que é escasso no mundo. Em vez de alocar quantidades específicas de cada recurso escasso, o mecanismo de precificação do mercado é usado para a proteção contra o uso excessivo.

Nas cidades norte-americanas, o estacionamento nas ruas é tradicionalmente gratuito na maioria das áreas ou está disponível a um preço baixo fixo. Esta é uma sub-precificação dramática, no sentido de que leva as pessoas ao sobreconsumo do recurso limitado das vagas de estacionamento, levando a uma escassez de vagas e a muitos carros vagando em busca de alguma vaga. Em algumas áreas de Nova York, a maior parte do trânsito nas ruas é de gente à procura de lugar para estacionar, desperdiçando seu tempo enquanto criam poluição e congestionamento.

Como alternativa, algumas cidades estão experimentando vários esquemas para o preço do estacionamento nas ruas, muitas vezes sob a influência do teórico do estacionamento da UCLA, Donald Shoup.[112] Um dos temas-chave de Shoup é que os governos urbanos deveriam evitar a sub-precificação do estacionamento na rua, pois isso leva a ondas de escassez no estilo soviético, como descrito acima, juntamente a tediosas regras de racionamento, como limites de duas horas e coisas do gênero.

Sob a influência desta teoria, a cidade de Los Angeles decidiu implementar um sistema inteligente de medição sem fios

---

[112] Donald Shoup, *The high cost of free parking*, Washington, DC: APA Planners Press, 2005.

chamado L.A. EXPRESS PARK. Sensores são instalados no asfalto debaixo de cada vaga, detectando a presença de carros em uma determinada área. O sistema computadorizado então ajusta automaticamente o preço do estacionamento, dependendo da quantidade de vagas preenchidas. Quando as vagas estão em alta demanda, o preço pode subir até 6 dólares por hora, e quando muitas vagas estão disponíveis, pode baixar até 50 centavos de dólar.

O esquema do L.A. EXPRESS PARK tem sido amplamente discutido e promovido como a aplicação do "livre-mercado" ao estacionamento. Isso claramente daria razão àqueles na esquerda que equiparam o mercado com capitalismo e com desigualdade. Porém, neste caso, falar de "mercados" vai além de um subterfúgio ideológico para enriquecer ainda mais os poderosos; ele nos aponta para o potencial dos mercados como tecnologias limitadas separáveis do capitalismo.

Os marxistas normalmente fazem duas objeções aos mercados capitalistas. A primeira é estritamente econômica: sob a "anarquia" da competição capitalista, a busca pelo lucro privado leva a resultados injustos e irracionais. Bens de luxo são produzidos enquanto pobres morrem de fome; estoques se acumulam com itens que ninguém pode comprar; fábricas ficam ociosas enquanto milhares procuram emprego; o meio ambiente é espoliado, e assim por diante. N'*O Programa de Transição* de Leon Trotsky, no qual ele apresentava um programa reformista de curto prazo para seus seguidores comunistas, há repetidas referências a esse tipo de anarquia do mercado, que inevitavelmente seria substituída por uma forma superior de planejamento racional, consciente e controlado pelos trabalhadores. Na verdade, diz Trotsky: "a necessidade de 'controlar' a economia, de colocar o Estado como 'guia' da indústria e do 'planejamento' é hoje reconhecida – pelo menos em palavras – por quase todas as tendências burguesas e pequeno-burguesas atuais, do fascista ao social-democrata".[113]

No entanto, o próprio Trotsky era inflexível sobre como os mecanismos do mercado deveriam ser parte do planejamento da economia. Em sua crítica de 1932, *A Economia Soviética em Perigo*, escreveu:

> Os inúmeros participantes vivos na economia, estatais e particulares, coletivos e individuais, devem notificar suas necessidades e sua força relativa não apenas através de determinações estatísticas das comissões de planejamento, mas também pela pressão direta da oferta e da demanda. O plano é verificado e, em grande medida, realizado através do mercado.[114]

Visto desta perspectiva, o sistema de Los Angeles não é uma desregulação capitalista de "livre mercado": a cidade não está passando o estacionamento para empresas privadas competirem por clientes. O experimento da L.A. EXPRESS PARK é, isso sim, um caso exemplar de planejamento centralizado. A cidade começa por decretar um alvo de produção, que neste caso

---

[113] Leon Trotsky, "Business Secrets and Workers control of industry", em *The Transitional Program*, Marxists.org, 1938.

[114] Leon Trotsky, *Conditions and methods of planned economy*, em *Soviet economy in danger: The expulsion of Zinoviev*, Marxists.org, 1932.

é manter uma vaga de estacionamento vazia em cada rua. O complexo sistema de sensores e algoritmos de determinação de valores é usado para criar sinais de preços que atinjam a meta. Fundamentalmente a flecha causal do mercado capitalista foi revertida: em vez das flutuações dos preços do mercado levarem a produção a um nível imprevisível, é a meta de produção que vem primeiro e os preços são ditados pela quota.

Há um outro argumento contra os mercados: eles não seriam meramente anárquicos e ineficientes, mas também induziriam mistificações ideológicas que perpetuariam o capitalismo e a exploração. O cientista político marxista, Bertell Ollman, tem frequentemente defendido que "uma grande virtude das sociedades planejadas centralmente" é que "é fácil ver quem é responsável pelo que dá errado".[115] Esta é uma pré-condição para a prestação de contas democrática, porque "apenas uma crítica da mistificação do mercado nos permitirá identificar de quem ou de onde a culpa realmente vem – ou seja, do mercado capitalista como tal e na classe que governa sobre ele".[116]

Contudo, essa crítica também falha. Apesar da presença de sinais de preços e de um mercado, não há nenhum mistério sobre quem é o responsável pelo novo regime de medida flutuante dos preços: a cidade de Los Angeles, encorajada pelo

---

[115] Bertell Ollman, *Market mystification in capitalist and market socialist societies*, em Bertell Ollman and David Schweickart, eds., *Market socialism: the debate among socialists*, Londres: Routledge, 1998, p. 81.
[116] Ibid.

seu conselheiro Donald Shoup. Na verdade, é a própria visibilidade dos planejadores o que torna projetos como esse controversos entre aqueles que assumem como garantido o direito ao estacionamento gratuito, e que se opõem a políticas como a da imposição de preços sobre o congestionamento, que diminuiriam o tráfego ao cobrar dos motoristas para entrar em áreas muito movimentadas. Isso também faz com que as políticas climáticas, como um imposto sobre o carbono, sejam vulneráveis ao ataque da direita: seja qual for a sua fantasia "baseada no mercado", todos sabem que a política começa com legisladores e burocratas governamentais.

O verdadeiro fracasso do L.A. EXPRESS PARK e de todos os sistemas desse tipo é que eles existem dentro de uma sociedade capitalista dramaticamente desigual. Em tal sociedade, seis dólares para uma vaga de estacionamento significa menos para um rico do que para um pobre, e, portanto, o sistema é inerentemente desigual. A resposta não é atacar o sistema de planejamento de mercado, mas derrubar essa desigualdade subjacente. Em última análise, isso significa superar o sistema capitalista de distribuição de recursos e aproximar-se de um mundo em que o controle da riqueza seja igualado – ou seja, onde "a distribuição dos meios de pagamento" (para usar a expressão de Gorz citada no segundo capítulo) seja essencialmente igual.

Mas antes disso, no entanto, há maneiras de transformar algumas das empresas predatórias da "economia do compartilhamento" em algo um pouco mais igualitário. O economista Mike Konczal, por exemplo, sugeriu um plano para "socializar o Uber".[117] Ele observa que, como os trabalhadores da empresa já possuem a maior parte do capital – seus carros – seria relativamente fácil para uma cooperativa de trabalhadores criar uma plataforma online que funcione como o aplicativo do Uber, mas que seja controlada pelos próprios trabalhadores, e não por um punhado de capitalistas do Vale do Silício.

Se formos capazes de enfrentar as desigualdades que tornam nossas atuais sociedades de mercado tão brutais, poderemos ter a chance de implantar mecanismos de mercado para organizar o consumo em um mundo ecologicamente limitado, permitindo que todos nós possamos superar o capitalismo e a mudança climática como iguais – "vivos sob o sol", como diz a editora da revista *Jacobin* e ecossocialista Alyssa Battistoni, em uma referência a Virginia Woolf.[118]

O socialismo seria um mundo de limites, mas isso não significa que ele também não possa ser um mundo de liberdade. Conforme discutido no primeiro capítulo, o comunismo também teria limites, mas esses seriam inteiramente internos às relações sociais humanas. Aqui, os limites também seriam impostos pelo ambiente físico em que vivemos. Ainda poderíamos reduzir o trabalho a um mínimo, mesmo que o consumo seja limitado. E o que fosse necessário de trabalho em reconstrução ecológica poderia ser compartilhado de forma justa ao invés de ditado por aqueles com acesso à riqueza. Às

---

[117] Mike Konczal, *Socialize Uber: it's easier than you think*, The Nation, 10 de Dezembro, 2014.

[118] Alyssa Battistoni, *Alive in the sunshine*, Jacobin 13, Inverno de 2014.

vezes, esse trabalho poderia ser difícil: começamos este capítulo com uma história sobre pessoas fresando o asfalto (e tendo eu mesmo feito esse trabalho, não é algo que eu possa realmente recomendar). Em outros casos, porém, o trabalho que faríamos poderia ser algo que as pessoas achassem satisfatório e emocionante. Quer se trate de projetar robôs-abelha ou algoritmos de estacionamento, a ecologia socialista estará repleta de desafios envolventes, um pouco de comunismo no futuro ecossocialista.

Em outras palavras, o futuro socialista pode ser mundano, como gastar as rações de seu replicador e cumprir seu dever junto ao Corpo de Reconstrução Ecológica. Ou pode ser tão grandioso quanto terraformar nosso próprio planeta, transformando-o em um lugar onde possamos continuar a nos sustentar junto com algumas das outras criaturas vivas que existem atualmente – ou seja, fazendo uma natureza inteiramente nova e garantindo a possibilidade de termos um lugar nela. Esse mundo pode não despertar a sensação vertiginosa e espontânea do futuro comunista, mas pode ainda ser um bom lugar onde todos vivam bem – o que é muito mais do que se pode dizer sobre o último futuro que iremos examinar.

Exterminismo: hierarquia e escassez

O filme *Elysium*, escrito e dirigido por Neill Blomkamp e lançado em 2013, retrata uma Terra distópica no ano 2154. Uma pequena elite – o 1%, se você preferir – partiu para uma estação espacial e lá desfruta de conforto e lazer em vidas aparentemente eternas, devido ao acesso à milagrosa tecnologia da *Med-Bay*. Enquanto isso, de volta à Terra, o resto da humanidade vive em um planeta superpopuloso e poluído, governado por uma força policial robótica. O enredo está centrado em torno de Max (Matt Damon), um membro da ralé presa à Terra envenenado por radiação, que tenta penetrar no santuário de *Elysium* e acessar suas maravilhas médicas.

A economia política de *Elysium* é algo difícil de se extrair a partir do filme, mas alguns temas sugestivos acabam surgindo. O mais importante é que os ricos em *Elysium* não parecem ser economicamente dependentes da Terra de maneira significativa. Nós chegamos a ver uma fábrica, onde Max trabalha no início do filme e que é administrada por um membro da elite de *Elysium*; porém, o propósito dessa fábrica parece ser apenas a produção de armas e robôs, cuja finalidade, por sua vez, é controlar a população da Terra. Na maior parte do tempo, os moradores da Terra aparecem menos como um proletariado e mais como prisioneiros de um campo de concentração – onde as populações são armazenadas, ao invés de serem exploradas pela sua força de trabalho. Portanto, a economia política de *Elysium* difere, por exemplo, daquela retratada em *Jogos vorazes*, em que estilos de vida elegantes na capital de *Panem* são sustentados pelos "distritos" circundantes, onde os pobres produzem as mercadorias essenciais.

O final de *Elysium* sugere que talvez os estilos de vida dos ricos possam ser generalizados para todo mundo, com luxo e imortalidade para todos – o que, no entanto, está muito longe de ser acessível. Em um capítulo anterior sugeri que, se uma tal sociedade pós-escassez surgisse no contexto da hierarquia de classes, seria mais provável que ela assumisse a forma de uma economia rentista centrada na propriedade intelectual. *Elysium* parece algo diferente: a quarta permutação de nossos eixos de hierarquia-igualdade e escassez-abundância – isto é, um mundo onde a escassez não pode ser totalmente superada para todos, mas onde ela pode ser superada para uma pequena elite.

Comunismo para poucos

Ironicamente, a vida desfrutada dentro da bolha de *Elysium* parece não ser muito diferente do cenário comunista esboçado alguns capítulos atrás; a diferença, evidentemente, é que se trata de um *comunismo para poucos*. De fato, já podemos ver tendências nessa direção em nossa economia contemporânea. Como observou Charles Stross, os muito ricos habitam um mundo no qual a maioria dos bens são, na prática, gratuitos – ou seja, sua riqueza é tão grande em relação ao custo de alimentos, habitação, viagens e outras amenidades, que eles raramente precisam considerar o preço de qualquer coisa. O que quiserem, podem ter.

Para os super ricos, portanto, o sistema mundial já se assemelha ao comunismo descrito anteriormente. A diferença, é claro, é que sua condição de pós-escassez é possível não apenas por máquinas, mas pelo trabalho da classe trabalhadora global. No entanto, uma visão otimista dos desenvolvimentos futuros – o futuro que descrevi como comunismo – é que, eventualmente, chegaremos a um ponto em que todos nós seremos, em certo sentido, "o 1%". Na célebre observação de William Gibson, "o futuro já está aqui; está apenas distribuído de maneira desigual".[119]

Mas e se os recursos e a energia forem simplesmente escassos demais para permitir que todos possam desfrutar do padrão de vida material de que os ricos desfrutam hoje? E se chegarmos em um futuro que já não exija a força de trabalho em massa do proletariado na produção, mas que também não seja capaz de proporcionar a todos um padrão arbitrariamente elevado de consumo? Se chegarmos a esse mundo como uma sociedade igualitária, nosso sistema se assemelhará ao regime socialista de preservação compartilhada descrito no capítulo anterior. Mas se, em vez disso, permanecermos como uma sociedade polarizada entre uma elite privilegiada e uma massa oprimida, então a trajetória mais plausível leva a algo muito mais sombrio. Os ricos ficarão seguros, sabendo que seus re-

---

[119] William Gibson, *The science of science fiction*, no programa *Talk of the Nation*, Washington, DC: *National Public Radio*, Novembro de 1999.

plicadores e robôs poderão prover todas as suas necessidades. E quanto ao resto de nós?

O grande perigo representado pela automação da produção, no contexto de um mundo de hierarquia e recursos escassos, é que, do ponto de vista da elite dominante, ela torna supérflua a grande massa de pessoas. Isso entra em contraste com o capitalismo, onde o antagonismo entre o capital e a força de trabalho se caracteriza por um choque de interesses e uma relação de dependência mútua: os trabalhadores dependem dos capitalistas, uma vez que não controlam eles mesmos os meios de produção; enquanto que os capitalistas precisam de trabalhadores para operar suas fábricas e lojas.

Era essa interdependência, de fato, que dava esperança e confiança a muitos movimentos socialistas do passado. "Os chefes podem nos odiar", seguia o pensamento, "mas eles precisam de nós, e isso nos dá força e impulso sobre eles". No antigo clássico trabalhista e socialista *Solidarity forever*[120] [Solidariedade para sempre], a vitória dos trabalhadores é inevitável porque [os ricos] "ganharam incalculáveis milhões que nunca trabalharam para receber, mas sem nossos cérebros e músculos, nenhuma roda pode girar". Com o advento dos robôs, o segundo verso deixa de ser verdade.

A existência de uma multidão empobrecida e economicamente supérflua representa um grande perigo para a classe dominante, que naturalmente temerá a expropriação iminente;

---

[120] N. do E.: canção composta por Ralph Chaplin, em 1915, para a Industrial Workers of the World, tornou-se popular também entre diversos sindicatos e movimentos de trabalhadores.

confrontados com essa ameaça, um leque de opções se apresentam. As massas podem ser "compradas" com algum grau de redistribuição de recursos, conforme os ricos compartilhem suas riquezas sob a forma de programas de bem-estar social – isso se as restrições de recursos não forem muito apertadas. Mas, além de potencialmente reintroduzir a escassez na vida dos ricos, essa solução é suscetível de levar a uma crescente onda de demandas por parte das massas, elevando assim, cada vez mais, o espectro da expropriação.

Isso foi essencialmente o que aconteceu durante a maré alta do Estado de bem-estar social, no rescaldo da Grande Depressão e da Segunda Guerra Mundial. Por um tempo, benefícios sociais robustos e fortes sindicatos coincidiram com altos lucros e crescimento rápido, e assim a força de trabalho e o capital gozaram de uma receosa paz. Mas essa prosperidade levou a uma situação em que os trabalhadores ficaram empoderados para exigir cada vez mais sobre as condições de trabalho, e os chefes começaram a temer que os lucros e o controle sobre o local de trabalho estivessem escorregando de suas mãos. Em uma sociedade capitalista, essa é uma tensão a se evitar: o chefe precisa do trabalhador, mas também está aterrorizado com seu poder potencial.

O que aconteceria, então, se as massas representassem um perigo, mas não fossem mais uma classe trabalhadora que tivesse valor para a classe dominante? Alguém acabaria tendo a ideia de que seria melhor se livrar deles.

O jogo final do extermínio

Em 1980, o historiador marxista E.P. Thompson escreveu um ensaio refletindo sobre a Guerra Fria e a ameaça sempre presente da aniquilação nuclear, chamado *Notas sobre o exterminismo, a última etapa da civilização*.[121] Ele contemplava a mudança crescente das economias capitalistas e comunistas em direção às tecnologias do militarismo e da guerra. Era inadequado, pensava ele, entender a corrida armamentista e a escalada militar como meras ferramentas para defender as economias políticas mais amplas dos lados concorrentes – fosse a economia planejada da URSS ou o mercado capitalista dos Estados Unidos. O complexo militar-industrial ocupava uma parte cada vez maior da economia nos países capitalistas ricos, e os soviéticos também estavam cada vez mais preocupados com a construção de armas.

Thompson propôs que precisávamos de uma nova categoria para compreender essa formação social. Ele cita a famosa frase de Marx em *A miséria da filosofia*: "O moinho de vento nos dá uma sociedade com senhor feudal; o motor à vapor, uma sociedade com o capitalista industrial".[122] Ou seja, à medida em que as relações econômicas centrais de uma sociedade mudam, todas as relações sociais nessa sociedade tendem a mudar com elas. Enfrentando a lógica do industrialismo militar, Thompson pergunta: "o que nos darão esses moinhos satânicos que

---

[121] E. P. Thompson, *Notes on exterminism: the last stage of civilisation, exterminism and the cold war*, New Left Review 1: 121, 1980.

[122] Karl Marx, *The poverty of philosophy*, Marxists.org, 1847.

agora estão em operação, cuspindo os meios do extermínio humano?". Sua resposta foi a categoria de que precisávamos, o *"exterminismo"*. Este termo abrange "essas características de uma sociedade – expressas, em diferentes graus, no interior de sua economia, de sua política e de sua ideologia – que a impulsionam em uma direção cujo resultado deve ser o extermínio de multidões".[123]

A configuração específica que Thompson discutia desapareceu, em grande parte – não há mais uma Guerra Fria ou uma URSS. Apesar dos melhores esforços dos neoconservadores militaristas norte-americanos e de outros países para recriar nostalgicamente conflitos entre grandes poderes como a Rússia ou a China, estes dificilmente se comparam à sombra do terror nuclear que jazia suspensa sobre a cabeça de Thompson – e, portanto, reutilizei sua palavra para descrever outra ordem, a última das minhas quatro sociedades hipotéticas. Ainda assim, o que descreverei é, não obstante, outro tipo de sociedade com um impulso "… em uma direção cujo resultado deve ser o extermínio de multidões".

Ainda vivemos em um mundo fortemente militarizado, onde o orçamento militar ocupa uma porcentagem quase tão grande da economia dos EUA como o fazia quando Thompson escreveu seu ensaio. No entanto, os conflitos que definem a era da assim chamada "Guerra ao Terror" são assimétricos, colocando militares tecnologicamente avançados contra Estados fracos ou insurgentes sem Estado. As lições aprendidas nesses

---

[123] E. P. Thompson, *Notes on exterminism*, p. 5.

palcos retornam para casa, levando também à militarização do policiamento doméstico.

Um mundo em que a classe dominante já não dependa da exploração do trabalho da classe trabalhadora é um mundo onde os pobres são apenas um perigo e uma inconveniência. Policiar e reprimi-los, em última instância, parece mais problemático do que se poderia justificar. É daí que se origina o impulso na direção do "extermínio de multidões": a sua etapa final é literalmente o extermínio dos pobres, para que a turba possa finalmente ser varrida de uma vez por todas, para que os ricos possam viver em paz e tranquilidade em seu *Elysium*.

Em um artigo de 1983, o economista vencedor do Prêmio Nobel, Wassily Leontief, antecipou o problema do desemprego em massa que tem sido contemplado ao longo deste livro. Naquilo que ele chama, com alguma atenuação, de uma "analogia um tanto chocante, mas essencialmente apropriada", ele compara os trabalhadores com cavalos:

> Pode-se dizer que o processo pelo qual se espera que a introdução progressiva de novos equipamentos computadorizados, automatizados e robotizados possa reduzir o papel do trabalho é semelhante ao processo pelo qual a introdução de tratores e outras máquinas primeiro reduziu e, em seguida, eliminou completamente os cavalos e outros animais de tração na agricultura.[124]

---

[124] Wassily Leontief, *Technological advance, economic growth, and the distribution of income*, Population and Development Review, 9:3, 1983, p. 405.

Como ele observa, isso levou a maioria das pessoas a concluir que "do ponto de vista humano, manter todos esses cavalos ociosos... faria pouco sentido". Como resultado, a população de cavalos dos EUA caiu de 21,5 milhões em 1900 para 3 milhões em 1960.[125] Leontief segue então a expressar, com a alegre certeza de um tecnocrata da metade do século XX, sua confiança de que, uma vez que as pessoas não são cavalos, seguramente encontraremos maneiras de sustentar todos os membros da sociedade. Ecoando Gorz e outros críticos do trabalho assalariado, ele argumenta que "mais cedo ou mais tarde... será necessário admitir que a demanda por 'emprego' é, em primeiro lugar, uma demanda por 'subsistência', o que significa 'renda'".[126] No entanto, tendo em conta as atitudes desdenhosas e cruéis da classe dominante de hoje, não podemos de modo algum dar isso por certo.

Felizmente, mesmo os ricos desenvolveram normas de moralidade que tornam difícil alcançar a *Solução Final* como primeiro recurso. Seu passo inicial deve ser simplesmente se esconder dos pobres, assim como os personagens em *Elysium*. Ao nosso redor, no entanto, podemos perceber a deriva gradual do mero cerceamento e controle de populações "em excesso", rumo a justificativas para eliminá-las permanentemente.

---

[125] M. Eugene Ensminger, *Horses and horsemanship*, 5ª ed., Shawnee Mission, KS: Interstate Publishers, 1977.

[126] Leontief, *Technological advance,* p. 409.

Sociedades de enclave e controle social

O sociólogo Bryan Turner tem defendido que vivemos em uma "sociedade de enclave".[127] Apesar do mito da mobilidade crescente sob a globalização, nós, na verdade, habitamos uma ordem em que "governos e outras agências procuram regular espaços e, quando necessário, imobilizar fluxos de pessoas, bens e serviços" por meio de "cerceamentos, barreiras burocráticas, exclusões legais e necessidade de registro".[128]

É claro aqui que são os movimentos das massas que permanecem restritos, enquanto a elite segue cosmopolita e móvel. Alguns dos exemplos que Turner reúne são relativamente triviais, como salas de recreação para passageiros aéreos frequentes e quartos privados em hospitais públicos; outros são mais graves, como comunidades fechadas (ou, em casos mais extremos, ilhas privadas) para os ricos e guetos para os pobres – sendo a polícia responsável por manter as pessoas pobres fora dos bairros "errados". Quarentenas biológicas e restrições de imigração levam o conceito de enclave ao nível do Estado-nação. Em todos os casos, a prisão aparece como o último enclave distópico para aqueles que não obedecem, seja a penitenciária federal ou o campo de detenção em Guantánamo. Comunidades fechadas, ilhas privadas, guetos, prisões, paranoia terrorista, quarentenas biológicas – isso equivale a um

---

[127] Bryan Turner, *The enclave society: towards a sociology of immobility*, European Journal of Social Theory, 10: 2, 2007.

[128] Bryan Turner, *The enclave society*, p. 290.

gulag global invertido, onde os abastados vivem em pequenas ilhas de riqueza espalhadas por um oceano de miséria.

Em *Trópico do caos*, Christian Parenti mostra como essa ordem é criada nas regiões em crise ao redor do mundo, à medida que as mudanças climáticas trazem o que ele chama de "convergência catastrófica" de mudanças ecológicas, desigualdades econômicas e falência de Estados.[129] Na sequência do colonialismo e do neoliberalismo, os países ricos – juntamente com as elites dos países mais pobres – têm facilitado a desintegração em violência anárquica, enquanto várias facções tribais e políticas lutam por recompensas cada vez menores de ecossistemas deteriorados. Diante dessa realidade sombria, muitos dos ricos – o que, em termos globais, também inclui muitos trabalhadores nos países ricos – se resignaram a erguer barricadas em suas fortalezas, a serem protegidos por drones não-tripulados e empreiteiros militares privados. A *mão de obra de guarda*, uma característica da sociedade rentista, reaparece em uma forma ainda mais malévola, conforme um pequeno número de sortudos são empregados como capatazes e protetores para os ricos.

No entanto, a construção de enclaves não se limita aos lugares mais pobres: por todo o mundo os ricos estão demonstrando seu desejo de escapar do resto de nós. Um artigo de 2013, na revista *Forbes,* mostra a obsessão por uma segurança

---

[129] Christian Parenti, *Tropic of chaos: climate change and the new geography of violence*, Nova York: Nation Books, 2011.

doméstica cada vez mais elaborada entre os ricos.[130] Um executivo de uma empresa de segurança se vangloria de que sua casa em Los Angeles possui segurança "semelhante à da Casa Branca". Outros comercializam sensores infravermelhos, tecnologias de reconhecimento facial e sistemas defensivos que pulverizam fumaça tóxica ou spray de pimenta. Tudo isso para pessoas que, embora ricas, são figuras em grande parte anônimas e que dificilmente representariam alvos proeminentes para possíveis agressores. Embora possam parecer paranoicos, uma grande parte das elites econômicas parece se considerar uma minoria à parte, em guerra com o resto da sociedade.

O Vale do Silício é um viveiro para tais sentimentos, com plutocratas falando abertamente em "secessão". Em um discurso amplamente divulgado, Balaji Srinivasan, co-fundador de uma empresa de genética de São Francisco, disse a uma plateia de empreendedores de *startups* que "nós precisamos construir uma sociedade de adesão voluntária, fora dos EUA, administrada pela tecnologia".[131] Por enquanto, isso reflete a arrogância e a ignorância sobre a miríade de maneiras pelas quais alguém como ele é sustentado pelos trabalhadores que tornam sua vida possível – mas demonstra o impulso de isolar os ricos daqueles que são considerados populações excedentes.

Outras tendências são menos dramáticas do que o refúgio em sociedades de adesão voluntária, mas ainda perturbado-

---

[130] Morgan Brennan, *Billionaire bunkers: beyond the panic room, home security goes sci-fi*, Forbes.com, Dezembro de 2013.

[131] Anand Giridharadas, *Silicon valley roused by secession call*, New York Times, Outubro de 2013.

ras. Ao redor dos Estados Unidos, moradores de bairros mais ricos estão começando a contratar segurança privada para se defender da ameaça percebida em seus vizinhos. Em Oakland, pequenos grupos de vizinhos se uniram para contratar juntos seus próprios guardas, e um bairro até mesmo tomou a iniciativa de arrecadar noventa mil dólares através de uma campanha de financiamento coletivo.[132] Assim, as fileiras da *mão de obra de guarda* seguem crescendo.

E existem aqueles que construiriam uma cidade inteira para se esconder das massas. Na costa de Lagos, na Nigéria, um grupo de empreiteiros libaneses está construindo uma cidade privada, a Eko Atlantic, com a intenção de abrigar 250 mil pessoas. É para ser "uma cidade sustentável, limpa e eficiente em termos de energia, com emissões mínimas de carbono".[133] Também será um lugar onde a elite poderá escapar dos milhões de vizinhos nigerianos que vivem com menos de um dólar por dia e que se viram na economia informal. Outra ilha, a ilha de Manhattan, em Nova York, também está gradualmente sendo transformada em um enclave dos ricos globais: em 2014, mais da metade das vendas de imóveis em Manhattan no valor de 5 milhões de dólares ou mais foram para estrangeiros ou compradores anônimos por trás de empresas de fachada (a maioria dos quais, acredita-se, não são norte-americanos).[134]

---

[132] Puck Lo, *In gentrifying neighborhoods, residents say private patrols keep them safe*, Al Jazeera America, Maio de 2014.

[133] Martin Lukacs, *New, privatized african city heralds climate apartheid*, Guardian, Janeiro de 2014.

[134] Louise Story e Stephanie Saul, *Stream of foreign wealth flows to elite New York real estate*, New York Times, Fevereiro de 2015.

Essas compras servem ao duplo propósito de lavar o dinheiro e escondê-lo de governos curiosos, bem como de fornecer um local de desembarque em caso de agitações políticas em seus países de origem.

Em um cruzamento entre a paranoia e o consumismo de mal gosto foi criada a Vivos, cujo site promete "a melhor solução de seguro de vida para famílias de alto patrimônio líquido". A empresa está construindo um *megabunker* à prova de radiação com oitenta apartamentos, esculpido em uma montanha na Alemanha. Esses não são abrigos antibomba comuns, mas sim apartamentos de luxo com todo o couro e o aço inoxidável das quinquilharias típicas do *nouveau riche*. O fundador da empresa, Robert Vicino, descreveu o complexo para o site da *Vice* como comparável a "um iate subterrâneo". Por apenas 2,5 milhões de euros (ou mais), você também pode aguardar o apocalipse com estilo. A Vivos é apenas um exemplo do que a revista *Forbes* denominou como a indústria de "bunkers para bilionários".[135]

Do enclave ao genocídio

Hoje rimos de bilionários desconectados da realidade, como o capitalista de risco Tom Perkins, que em 2014 comparou as críticas aos ricos ao ataque contra judeus na Alemanha na-

---

[135] Morgan Brennan, *Billionaire bunkers: beyond the panic room, home security goes sci-fi*, Forbes.com, Dezembro de 2013.

zista, em 1938, conhecido como Noite dos Cristais;[136] ou o executivo da joalheria Cartier, Johann Rupert, que em uma conferência do jornal *Financial Times* em 2015 disse que a perspectiva de uma insurreição entre os pobres é "o que me mantém acordado à noite".[137] No entanto, embora tais opiniões sejam repugnantes, não são desprovidas de lógica. Em um mundo de hiperdesigualdade e desemprego em massa, pode-se tentar "comprar" as massas por um tempo, e depois tentar reprimi-las pela força. Mas enquanto existirem hordas empobrecidas, existe o risco de que um dia seja impossível mantê-las à distância. Quando o trabalho em massa tiver se tornado supérfluo, a solução final emerge: a guerra genocida dos ricos contra os pobres. O espectro da automação surge mais uma vez, mas de uma maneira muito diferente: no rentismo, ele simplesmente tendia a tornar supérfluos cada vez mais trabalhadores, intensificando a tendência do sistema rumo ao subemprego e à fraca demanda. Uma sociedade exterminista pode automatizar e mecanizar o processo de supressão e de extermínio, permitindo que os dominadores e seus criados se distanciem das consequências de suas ações.

Mas esse movimento final – da repressão ao extermínio definitivo – é realmente plausível? Essas derivas começam primeiro onde um conflito de classes está sobreposto por um

---

[136] Tom Perkins, *Progressive kristallnacht coming? Wall Street Journal*, Janeiro de 2014.

[137] Adam Withnall, *Cartier boss with $7.5bn fortune says prospect of the poor rising up "keeps him awake at night"*, *Independent*, Junho de 2015.

conflito nacional, como na ocupação israelense na Palestina. Por um lado, Israel dependia fortemente do trabalho palestino barato; mas, como o economista político Adam Hanieh demonstrou, desde o final da década de 1990, esses trabalhadores têm sido substituídos por trabalhadores migrantes da Ásia e do Leste Europeu.[138] Tendo, portanto, tornado os palestinos supérfluos como trabalhadores, Israel se tornou capaz de levar a cabo aspectos mais fanáticos do projeto sionista de assentamentos e neocolonização. Em seu ataque de 2014 à Faixa de Gaza, o governo fez reivindicações de "autodefesa" que eram quase dignas de riso devido a sua superficialidade, enquanto bombardeavam hospitais, escolas e usinas de energia, matando indiscriminadamente homens, mulheres e crianças, e colocando no chão boa parte do complexo habitacional. Apelos abertos pelo genocídio vieram de membros do parlamento israelense; uma parlamentar, Ayelet Shaked, proclamou que "todo o povo palestino é inimigo". Sobre essa base, ele justificou a destruição de Gaza como um todo, "incluindo seus idosos e mulheres, suas cidades e suas aldeias, suas propriedades e sua infraestrutura".[139]

Os norte-americanos podem pensar que estão imunes a tal nível de barbárie, apesar do apoio quase unânime da sua classe política à guerra de Israel contra Gaza. Mas o ex-presidente e vencedor do Prêmio Nobel da Paz, Barack Obama, já rei-

---

[138] Adam Hanieh, *Palestine in the Middle East: opposing neoliberalism and* US *power*, Monthly Review, Julho de 2008.

[139] Michael Lerner, *The new israeli government: it's worse than you think*, Tikkun, Maio de 2015.

vindicava o direito de matar cidadãos norte-americanos sem o pretexto do devido processo legal. Seu governo até mesmo usava métodos algorítmicos para identificar alvos sem necessariamente conhecer suas identidades.

Em 2012, o *Washington Post* publicou um artigo sobre algo chamado de "matriz de disposição".[140] Essa era a "lista de alvos da próxima geração" do governo Obama, uma espécie de *planilha da morte*, usada para acompanhar todos os estrangeiros tido como terroristas, marcados como alvos de assassinato por drones anônimos. O texto estava cheio de comentários aterradores dos oficiais. Um deles observa que um drone assassino é "como seu cortador de grama": não importa quantos terroristas você mata, "a grama sempre volta a crescer". Para simplificar o processo de assassinatos contínuos por tempo indeterminado, o processo é parcialmente automatizado. O *Washington Post* apresenta uma reportagem sobre o desenvolvimento de algoritmos para os chamados "'sinais característicos', que permitem que a CIA (e o Comando Conjunto de Operações Especiais) atinjam alvos com base em padrões de atividade... mesmo quando as identidades daqueles que foram mortos não estão claras".[141]

Tais ações têm o apoio de um número substancial de norte-americanos. Infelizmente, essa indiferença às mortes daqueles vistos como estrangeiros ou "os outros" há muito têm caracte-

---

[140] Greg Miller, *Plan for hunting terrorists signals US intends to keep adding names to kill lists*, Washington Post, Outubro de 2012.
[141] Michael Lerner, *The new israeli government: it's worse than you think*, Tikkun, Maio de 2015.

rizado a resposta às guerras dos EUA. Mas a mentalidade exterminista também tem seus ecos domésticos. Nos Estados Unidos, o desejo de admitir a eliminação de populações excedentes indisciplinadas está estreitamente entrelaçado com o racismo, embora seja, sem dúvida, também um fenômeno de classe. Isso pode ser visto em um sistema prisional que hoje encarcera mais de 2 milhões de pessoas, muitos por infrações não violentas e ligadas à drogas – muitas vezes feitas devido a condições que o juiz da Suprema Corte, Anthony Kennedy, chamou de "incompatíveis com o conceito de dignidade humana", sem "nenhum lugar na sociedade civilizada", em sua opinião sobre a superlotação no sistema prisional da Califórnia.[142]

O sistema prisional norte-americano há muito tem sido usado como uma maneira de controlar os desempregados que ficam trancados em seu interior, enquanto compra aqueles que permanecem no exterior. Em sua análise do sistema prisional da Califórnia, Ruth Wilson Gilmore descreve o crescimento maciço do encarceramento como a construção de um *"gulag dourado"*.[143] Jovens urbanos que não têm acesso à serviços sociais e empregos são implacavelmente visados pela polícia, trancados por longos períodos sob leis draconianas em relação às drogas e sob a provisão da lei de "três ocorrências" da Califórnia [que podem levar facilmente à prisão perpétua]. Enquanto isso, como resultado, a explosão na construção de presídios

---

[142] Processo *Brown vs. Plata*, 134 S. Ct., N°. 09-1233 (2011)

[143] Ruth Wilson Gilmore, *Golden gulag: prisons, surplus, crisis, and opposition in globalizing California*, Oakland: University of California Press, 2006.

oferece empregos em áreas rurais do estado que apresentam economias deprimidas. Com o trabalho agrícola automatizado ou deslocado para a mão de obra imigrante muito mais barata, e empregos industriais perdidos para a desindustrialização, o trabalho penitenciário se tornou o último emprego bem pago nesses lugares.

A condenação à prisão pode até mesmo acabar sendo relegada para algoritmos – o que seria melhor ainda para permitir que os administradores possam negar seu papel ativo na construção desses armazéns de miséria. Pelo menos vinte estados dos EUA atualmente usam a chamada "sentença baseada em evidências". O nome parece inócuo – afinal, quem poderia se opor ao uso de evidências? Richard Redding, professor de direito da Universidade da Virgínia e defensor do método, chega a afirmar que "pode até não ser ético" usar técnicas de sentença que não sejam "transparentes" e "inteiramente racionais".[144] Contudo, os fatores que podem entrar em uma "sentença baseada em evidências", no próprio relato de Redding, incluem não apenas crimes que uma pessoa já cometeu, mas aqueles que ela pode vir a cometer no futuro – os "*fatores de risco*" e "*necessidades criminogênicas*" que "aumentam a probabilidade de reincidência". Neste ponto, esses modelos de "risco de criminalidade futura" começam a parecer desconfortavelmente próximos da distopia do romance de Philip K. Dick (e, mais tarde, do filme com Tom Cruise), *The minority report: a nova*

---

[144] Richard E. Redding, *Evidence-based sentencing: The science of sentencing policy and practice*, Chapman Journal of Criminal Justice 1: 1, 2009, pp. 1–19.

lei, na qual uma divisão "pré-crimes" prende pessoas por crimes que elas ainda não cometeram.

Atualmente mesmo algumas pessoas à direita estão questionando o encarceramento em massa, às vezes simplesmente por motivos orçamentários. Porém, na ausência de qualquer esforço para realmente sustentar os prisioneiros ou os trabalhadores que se beneficiam do crescimento das prisões, o que seria de todas essas populações excedentes? Às vezes, aqueles que chegam à prisão são os sortudos. Mergulhados em uma cultura que recorre rapidamente à violência, as forças policiais mutilam e matam os suspeitos de crimes menores ou mesmo inocentes. A brutalidade da polícia não é nova, mas duas coisas mudaram: elas se tornaram mais militarizadas e mais armadas, enquanto que a internet e a onipresença de equipamentos de gravação de vídeo tornou mais fácil a documentação do seu comportamento.

Radley Balko descreve a militarização da polícia como o surgimento do "policial guerreiro".[145] Cada vez mais a polícia se veste em estilo militar e pensa em termos militares. Equipes da SWAT, unidades paramilitares fortemente armadas que originalmente eram acionadas como resposta a ameaças de alto nível, são agora enviadas rotineiramente. Algumas centenas de operações da SWAT eram realizadas por ano em todo o território norte-americano na década de 1970; agora há de 100 a 150 todos os dias. Muitas vezes, essas incursões respondem a crimes menores como a posse de maconha ou jogos de azar, e

---

[145] Radley Balko, *Rise of the warrior cop: the militarization of America's police forces*, Nova York: Public Affairs, 2013.

podem ser realizadas sem um mandato, sob a guisa de serem "buscas administrativas", como inspeções para checagem de licenças. Alguns vídeos desses ataques podem ser encontrados na internet, e eles transmitem o horror surreal de um batalhão fortemente armado invadindo a casa de alguém por causa de algumas gramas de maconha.

O resultado é um fluxo constante de mortos e feridos entre suspeitos (ou não suspeitos) e membros de suas famílias, no cenário frequente em que a equipe da SWAT invade a casa errada, como Balko documenta em grande extensão. Ele cita batidas como a de 2003, quando a funcionária pública Alberta Spruill, de cinquenta e sete anos, morreu de um ataque cardíaco depois que o Departamento de Polícia de Nova York lançou uma granada de atordoamento naquele que eles pensavam ser o apartamento de um traficante de drogas, com base apenas em uma dica anônima.

Mesmo quando o endereço está certo, as ações da polícia militarizada podem causar um caos e uma destruição que até mesmo as pessoas que chamaram a polícia nunca pretendiam ver causados. O documentário *Peace Officer* [Oficial da Paz], de 2015, conta a história de Dub Lawrence, ex-delegado de Utah, que se tornou um crítico da polícia depois que seu genro foi baleado por um oficial de uma equipe da SWAT durante um impasse originalmente precipitado por uma ligação sobre violência doméstica, feita por sua namorada.[146]

---

[146] Karen Foshay, *When the SWAT team you founded kills your son-in-law*, Al Jazeera America, Março de 2015.

Nas ruas a ameaça de violência policial é constante, especialmente para os negros e não brancos em geral. Em julho de 2014, Eric Garner, um morador da cidade de Nova York, morreu depois de ter sido estrangulado com uma chave de braço por oficiais, pela suspeita de vender cigarros soltos contrabandeados. Sua morte provocou um alvoroço, em parte porque o incidente foi capturado com uma câmera de celular, mas também porque chamou atenção para algo que é rotineiro demais. Logo depois, Mike Brown foi baleado e morto nas ruas de Ferguson, Missouri, fornecendo mais combustível a um movimento nacional. Embora os detalhes exatos do encontro sejam disputados pelos dois lados, todos concordam que Brown estava desarmado e que o oficial que o baleou começou o confronto baseado no crime "gravíssimo" de caminhar na rua. Esses eventos ecoaram muitos incidentes similares por todo os EUA, num ritmo incessante de violência através dos anos. Em Oakland, por exemplo, Oscar Grant foi executado por um policial. Depois de ser detido por um oficial de trânsito, em conexão com relatos de briga em um trem, o vídeo de um celular de um espectador mostrou o oficial gritando xingamentos racistas para Grant e depois disparando contra ele enquanto estava imobilizado de bruços na plataforma. Isso desencadeou um movimento de protesto que foi um importante precursor do *Occupy Oakland*.

A recente militarização policial tem suas raízes nos tumultos sociais da década de 1960, quando o Estado buscou reprimir os movimentos negro e antiguerra. Além disso, a transformação da polícia em algo parecido com um exército de ocupação é inseparável da história do imperialismo norte-

-americano e da guerra no exterior, porque é um caso tanto figurativo quanto literal sobre levar a guerra para casa. A historiadora Julilly Kohler-Hausmann descreve a interseção dessas lutas com o próprio Vietnã, com a imagem de "selvas urbanas" contribuindo para "a aceitação social generalizada da ideia de que a polícia urbana estava envolvida em cercos de guerra em comunidades pobres".[147] O processo de militarização tem se acelerado na era da "Guerra ao terror", conforme imagens e armas fluem do campo de batalha para o fronte doméstico.

Mais do que uma mudança cultural difusa, o policiamento militarizado nos EUA deve ser entendido como uma estratégia estatal consciente, com o governo federal usando o antiterrorismo como pretexto para transformar a polícia local em soldados. Muitos policiais são eles próprios veteranos militares, endurecidos pela morte de civis durante suas experiências em lugares como Iraque e Afeganistão. O governo dos EUA encoraja a transição de soldados para agentes de aplicação da lei através do seu programa de Serviços de Policiamento Orientado para a Comunidade, o COPS [Community Oriented Policing Services], priorizando subsídios para agências que contratam veteranos. Enquanto isso, a tecnologia que eles utilizam – os veículos de combate blindados que agora adornam as ruas até mesmo de pequenas cidades no interior – são equipamentos

---

[147] Julilly Kohler-Hausmann, *Militarizing the police: officer Jon Burge's torture and repression in the 'urban jungle'*, em Stephen Hartnett, ed., *Challenging the prison-industrial complex: activism, arts, and educational alternatives*, Urbana: University of Illinois Press, 2010, pp. 43–71.

militares reutilizados. O Departamento de Segurança Interna dos EUA oferece subsídios "antiterrorismo" com os quais os departamentos de polícia, pequenos e grandes, podem comprar esses equipamentos. Outras agências podem adquirir equipamentos semelhantes de forma gratuita, participando do programa 1033 do Departamento de Defesa, que distribui o equipamento militar excedente liberado com a retirada de tropas no Iraque e no Afeganistão.[148]

Os resultados são absurdos, como a entrega de um veículo de proteção contra emboscadas resistente a minas (MRAP) para High Springs, cidade na Flórida com uma população de 5.350 habitantes.[149] Esses veículos blindados no estilo tanque eram utilizados originalmente para proteger soldados dos explosivos dos insurgentes iraquianos e afegãos, que não são muito comuns no interior da Flórida. Talvez não seja surpreendente – ou talvez seja um raro exemplo de sanidade policial – que o chefe de polícia de High Springs tenha informado que não havia usado o MRAP durante um ano desde que o recebeu, e que esperava transferi-lo para outra agência; mas outros departamentos estão felizes em colocar em ação os tanques e armaduras, como vimos nas imagens de Ferguson. Em um tempo incrivelmente curto nos acostumamos a essas imagens, que recordam o filme *Robocop* de 1987, de Paul Verhoeven – um

---

[148] *American civil liberties union foundation* – ACLU, *War comes home: the excessive militarization of american policing*, ACLU.org, Junho de 2014.

[149] Paulina Firozi, *Police forces pick up surplus military supplies*, USA *Today*, 15 de Junho, 2014.

filme que, na época, foi concebido como uma descrição distópica absurdamente exagerada de uma Detroit militarizada em um futuro próximo.

O policial guerreiro não é apenas um perigo para passageiros de trem, vendedores ambulantes de cigarro, jogadores ilegais ou fumantes de baseado. Seu destino está ligado ao destino da mobilização política, como pode ser visto nos Estados Unidos e em todo o mundo. Protestos de massa em todos os lugares já são violentamente reprimidos e não apenas em países como o Egito ou a China, que são popularmente considerados autoritários. Um relatório de 2013, da Rede Internacional de Organizações Pelas Liberdades Civis, documenta o uso generalizado de "força letal e mortal em resposta a reuniões, em grande parte pacíficas, buscando expressar pontos de vista sociais e políticos", em lugares que vão do Canadá ao Egito, Quênia, África do Sul e aos Estados Unidos.[150] A repressão ao movimento *Occupy* foi um exemplo disso, um espetáculo de força por esquadrões de policiais com armaduras em diversas cidades dos EUA. Enquanto isso, as técnicas de vigilância estatal reveladas pelos vazamentos do ex-agente da Agência de Segurança Nacional, Edward Snowden, e por outros, mostram quão poderosas são as ferramentas do Estado para reprimir a dissidência e monitorar as atividades de ativistas e militantes.

Neste contexto, fica mais fácil imaginar a evolução de prisões desumanas, repressões policiais violentas e execuções su-

---

[150] International network of civil liberties organizations, *Take back the streets: repression and criminalization of protest around the world*, ACLU.org, Outubro de 2013.

márias ocasionais rumo a formas de eliminação mais sistemáticas. A definição algorítmica de alvos, combinada com o poder crescente dos drones de combate não tripulados, promete aliviar o desconforto moral do massacre, distanciando de seus alvos aqueles que mobilizam a violência. Os operadores podem se sentar com segurança em bunkers remotos, pilotando seus robôs da morte em lugares distantes – se aproximando do mundo do romance *Ender's Game: o jogo do exterminador*, de Orson Scott Card, onde uma criança é recrutada para treinar para uma guerra contra uma raça de alienígenas. Como parte de seu treinamento final, ele participa de uma simulação em que destrói todo o mundo natal dos alienígenas, mas que no fim não era uma simulação; o jovem Ender realmente colocou um fim à guerra, cometendo um genocídio. As coisas no nosso mundo podem não se desenrolar com enganações tão literais, mas já podemos visualizar como nossas elites políticas e econômicas conseguem justificar níveis cada vez maiores de miséria e de morte, enquanto permanecem convencidos de que são grandes humanitários.

Conclusão: transições e perspectivas

Este trabalho não é, como tenho enfatizado, um exercício de futurismo; não pretendo prever o curso preciso do desenvolvimento social. Essas previsões não só possuem um histórico de desempenho terrível, como também produzem uma aura de inevitabilidade que nos encoraja a sentar e aceitar passivamente nosso destino. A razão pela qual há quatro futuros, e não apenas um, é porque nada acontece de forma automática. Cabe a nós determinar o caminho a seguir.

Os ativistas pela justiça climática atualmente estão lutando por soluções socialistas e não exterministas para as mudanças climáticas – mesmo que eles não coloquem dessa maneira; e aqueles que estão lutando pelo acesso ao conhecimento, contra a propriedade intelectual estrita sobre tudo – desde sementes até música – estão lutando para impedir uma distopia rentista e para manter vivo o sonho do comunismo. Cobrir esses movimentos com os detalhes que merecem exigiria volumes próprios. Então, em vez de tentar um resumo impossível, vou fechar com alguns pensamentos sobre as complexidades que surgem quando pensamos sobre esses quatro futuros, não apenas como ideais ou utopias autocontidas, mas como objetos de projetos políticos dinâmicos e contínuos.

Para qualquer um com tendências igualitárias e à esquerda é fácil dizer que o rentismo e o exterminismo representam o lado do mal, enquanto o socialismo e o comunismo, as esperanças do bem. Isso pode ser adequado se concebermos essas sociedades ideais apenas como destinos finais ou como *slogans* para colocarmos em nossas bandeiras, mas nenhum desses modelos de sociedade pretende representar algo que possa ser implementado da noite para o dia, em uma transformação completa das relações sociais atuais. Na verdade, provavelmente nenhum deles é possível em uma forma pura; a História é simplesmente confusa demais para isso, e as sociedades reais excedem os parâmetros de qualquer modelo teórico.

Isso significa que devemos ficar muito mais preocupados com os percursos que conduzem a estas utopias e distopias do que com a natureza exata do destino final – especialmente porque a estrada que leva à utopia não é em si necessariamente utópica.

No primeiro capítulo, sugeri um caminho especialmente fantástico e utópico para um destino também utópico: o "caminho capitalista para o comunismo", no qual a Renda Básica Universal lubrifica o deslizamento rumo ao pleno comunismo. Porém, essa transição implicaria destronar a elite ultra rica que atualmente domina nossa política e nossa economia. A limitada experiência histórica com programas reais de renda básica sugere ser improvável que os ricos simplesmente cruzem os braços enquanto sua riqueza e seu poder desaparecem – e, portanto, haverá lutas difíceis.

Considere, por exemplo, o projeto piloto que foi executado em 2008 e 2009 em Otjivero-Omitara, na Namíbia.

Durante dois anos, todos na aldeia receberam um pagamento mensal de cem dólares namibianos (cerca de 13 dólares norte-americanos). Em termos humanos, mesmo um rendimento básico tão mínimo foi um grande sucesso: o comparecimento à escola decolou, a desnutrição infantil despencou e até os crimes diminuíram. Mas isso não preocupava muito os fazendeiros brancos que constituíam a elite local. Eles insistiam, contra todas as evidências, que a renda básica havia levado ao crime e ao alcoolismo. Dirk Haarmann, um economista e teólogo que ajudou a implementar o projeto de renda básica, especula que eles estavam "com medo de que os pobres ganhassem alguma influência e privassem os 20% brancos e ricos da população de parte de seus poderes".[151] E, talvez, mais imediatamente, estivessem preocupados com o fato de que cem dólares por mês pudessem tornar os trabalhadores menos ansiosos para aceitar o salário mínimo de dois dólares por hora para o trabalho agrícola.

A transição para um mundo de abundância e igualdade, então, provavelmente será tumultuada e conflituosa. Se os ricos não renunciarem voluntariamente aos seus privilégios, eles teriam de ser expropriados pela força, e tais confrontos podem ter consequências terríveis para ambos os lados. Como Friedrich Nietzsche disse em um famoso aforismo: "quem combate monstruosidades deve cuidar para que não se torne um monstro. E se você olhar longamente para um abismo, o

---

[151] Dialika Krahe, *A new approach to aid: how a basic income program saved a namibian village*, *Spiegel Online International*, Agosto de 2009.

abismo também olha para dentro de você".[152] Ou, como o poeta comunista Bertolt Brecht escreveu em "Aos que virão depois de nós", uma revolução contra um sistema brutal poderia, por si mesma, brutalizar aqueles que participaram dela.

> *E, contudo, sabemos*
> *que também o ódio contra a baixeza*
> *endurece a voz. Ah, os que quisemos*
> *preparar terreno para a bondade*
> *não pudemos ser bons.*[153]

Ou, como Mao colocou em seu característico estilo contundente, "uma revolução não é um jantar de gala".[154] Em outras palavras, mesmo a revolução mais bem sucedida e justificada tem perdedores e vítimas.

Em uma carta de 1962 ao economista Paul Baran, o teórico crítico Herbert Marcuse observa que "ninguém jamais deu a mínima para as vítimas da História".[155] A observação era dirigida à hipocrisia dos liberais que estavam ansiosos para moralizar sobre as vítimas do comunismo soviético, mas que silenciavam sobre o gigantesco custo humano do capitalismo. É um julgamento áspero, talvez cruel, e o próprio Marcuse

---

[152] Friedrich Nietzsche, *Beyond good and evil*, Nova York: Macmillan, 1907, p. 97.

[153] Bertolt Brecht, *Poems*, 1913–1956, Londres: Routledge, 1979.

[154] Mao Tse Tung, *Quotations from Mao Tse Tung*, Marxists.org, 1966.

[155] Paul Baran and Herbert Marcuse, *The Baran Marcuse correspondence*, Monthly Review, Março de 2014.

sugere a necessidade de se avançar para além dele; mas fornece uma perspectiva importante para o exercício que empreendi aqui, ao permitir que vejamos que os quatro futuros da sociedade não se encaixam em caixas morais impecáveis.

Esse é um perigo: que subestimemos a dificuldade do caminho que devemos atravessar, ou que permitamos que a beleza do nosso ponto final nos dê licença para uma brutalidade ilimitada ao longo de uma trajetória. No entanto, outra possibilidade é que, no final da jornada, acabemos esquecendo o quão árdua ela foi e quem deixamos para trás. Walter Benjamin, em seu ensaio *Sobre o conceito da história*, fala sobre o modo como as narrativas históricas necessariamente tendem a simpatizar com os vencedores, que geralmente são aqueles que escrevem a História. "Os que num dado momento dominam são os herdeiros de todos os que venceram antes. A empatia com o vencedor beneficia sempre, portanto, esses dominadores".[156] Mas também podemos afirmar que mesmo em uma sociedade sem dominadores claros, a História tenderá a simpatizar com os sobreviventes; eles são, afinal, literalmente os únicos por aí para escrevê-la. A esse respeito, revisitemos os moradores do nosso primeiro futuro comunista. Talvez eles não estejam no final da estrada capitalista para o comunismo, no fim das contas, mas de uma jornada muito mais longa e sombria através dos horrores do exterminismo.

Vamos recordar a problemática central do exterminismo: a abundância e a liberdade em relação ao trabalho são possíveis

---

[156] Walter Benjamin, *On the concept of history*, trans. Dennis Redmond, Marxists.org, 1940.

para uma minoria, mas os limites materiais tornam impossível estender o mesmo modo de vida a todos. Ao mesmo tempo, a automação tornou supérfluas as massas de trabalhadores. O resultado é uma sociedade de vigilância, repressão e encarceramento, que tende a cair em uma sociedade de genocídio escancarado.

Mas e se encarássemos esse abismo? O que resta quando os corpos "em excesso" forem descartados e os ricos finalmente forem deixados sozinhos com seus robôs e suas fortificações muradas? Os drones de combate e os carrascos robóticos poderiam ser desativados, o aparato de vigilância gradualmente desmantelado e a população restante poderia evoluir para além de sua brutal e desumanizadora moralidade de guerra, e se estabelecer em uma vida de igualdade e abundância – em outras palavras, em comunismo.

Como descendente de europeus nos Estados Unidos, tenho uma ideia de como isso pode ser – afinal, sou o beneficiário de um genocídio.

Minha sociedade foi fundada no extermínio sistemático dos habitantes originais do continente americano. Hoje, os descendentes sobreviventes daqueles primeiros americanos estão suficientemente empobrecidos, pequenos em número e isolados geograficamente, e a maioria dos norte-americanos pode ignorá-los facilmente ao longo de suas vidas. Ocasionalmente, esses sobreviventes nos forçam a prestar atenção a eles. Mas na maioria das vezes, embora possamos lamentar a brutalidade de nossos antepassados, não contemplamos a ideia de desistir de nossas vidas prósperas ou de nossas terras. Como disse Marcuse, ninguém jamais deu a mínima para as vítimas da História.

Distanciando a câmera um pouco mais, portanto, o ponto é que não escolhemos necessariamente um dos quatro futuros: podemos obtê-los todos, e há caminhos que levam de uns para outros.

Já vimos como o exterminismo se torna comunismo. O comunismo, por sua vez, está sempre sujeito à contrarrevolução, se alguém puder encontrar uma maneira de reintroduzir uma escassez artificial e criar uma nova elite rentista. O socialismo está sujeito a essa pressão de maneira ainda mais severa, uma vez que o maior nível de dificuldades materiais compartilhadas aumenta o ímpeto para que algum grupo se estabeleça como a elite privilegiada e transforme o sistema em um exterminismo.

No entanto, na ausência de um colapso civilizatório tão completo que nos isole de nosso conhecimento acumulado e que nos mergulhe em uma nova era das trevas, é difícil enxergar uma estrada que nos leve de volta ao capitalismo industrial tal como o conhecemos. Esse é o outro ponto importante deste livro: não podemos voltar ao passado, e nem mesmo podemos nos agarrar ao que temos hoje. Algo novo está chegando – e os quatro futuros já estão aqui, "distribuídos de forma desigual", na frase de William Gibson. Cabe a nós construirmos o poder coletivo para lutarmos pelos futuros que desejamos.

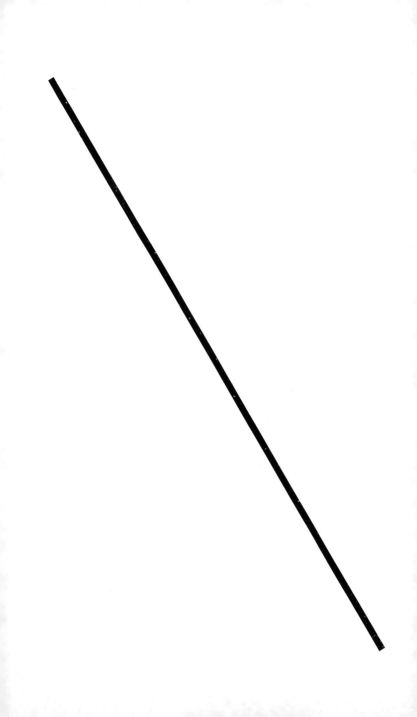

Anexo: A ascensão do Partido da Morte na pandemia do corona vírus

A economia global está enredada em uma contradição – intensificada, mas não totalmente causada pela pandemia da COVID-19. A epidemiologia e a ciência climática exigem que fiquemos em casa a curto prazo e que desmobilizemos e reequipemos vastos setores da economia a longo prazo. No entanto, os modelos econômicos capitalistas baseados na lucratividade e no crescimento sem fim são impossíveis de conciliar com esses imperativos humanos.

O que de fato mudou na atual pandemia é que a urgência dessa contradição se tornou mais aparente. A cada dia que passa, conforme os casos aumentam, torna-se cada vez menos plausível que voltemos à "normalidade" pré-2020 após um período de quarentenas e distanciamento social. Pelo contrário, figuras como o presidente da filial de St. Louis do Sistema de Reserva Federal alertam para a estimativa de 30% de desemprego que deve atingir os Estados Unidos dentro de alguns meses, um número que superaria até mesmo a Grande Depressão.

A esquerda, capaz de pelo menos tentar lidar com a crise em uma escala adequada, corre apressadamente por dentro dessa brecha. Esta é a hora de um "socialismo do desastre" – nossa contrapartida ao "capitalismo do desastre" identificado por Naomi Klein, no qual uma crise iminente é usada como pretexto para promover mudanças estruturais fundamentais.

Essa tarefa é particularmente urgente por não ser a única solução radical oferecida. Surge entre a classe dominante – centrada no Partido Republicano, mas não limitada apenas a essa esfera – o que podemos chamar de partido da morte.

No meu livro *Quatro Futuros*, especulei sobre diversos caminhos para sair do capitalismo, em um contexto de crise ecológica e rápidas mudanças tecnológicas. A questão, como eu pensava na época e ainda hoje acredito, não é fundamentalmente se o capitalismo pode ser salvo em algum dos seu formatos anteriores. O capitalismo não pode ser salvo. A questão é o que o sucederá. E a resposta é, por sua vez, determinada pelo principal motor da política – a luta de classes.

Um dos "futuros" que formulei foi chamado de "exterminismo". O ponto de partida dessa formulação foi uma observação sobre uma das principais contradições históricas do capitalismo: por um lado, capitalistas dependem da classe trabalhadora, já que o nosso trabalho é a fonte fundamental dos seus lucros. Por outro lado, os chefes temem os trabalhadores, potencialmente perigosos e poderosos, devido, justamente, a essa indispensabilidade e à capacidade de paralisar a economia.

Nessa crise, estamos testemunhando, outra vez, esse poder – principalmente em setores-chave relacionados à reprodução social, como ensino, distribuição de alimentos e, é claro, assistência à saúde. Mas também vemos sinais ameaçadores do que acontece quando grandes partes da classe trabalhadora são consideradas redundantes na perspectiva do capital e passam a ser vistas mais como um fardo do que um motor de acumulação de capital.

Em *Quatro Futuros*, destaquei a automação como uma força que potencialmente poderia levar a uma grande quantidade de trabalhadores redundantes, e esse espectro ainda espreita por trás da crise atual. Mas a questão mais imediata, relacionada à pandemia da COVID-19, são as grandes massas de pessoas que, para a classe dominante, são consideradas velhas demais, doentes demais ou improdutivas demais para serem lucrativas.

Para o Partido da Morte, a pandemia em si começa a parecer economicamente útil, e as medidas necessárias para combatê-la podem chegar ao ponto de serem vistas como piores do que a própria doença – e, do ponto de vista restrito da acumulação de capital, podem de fato o ser.

As intimações do programa de 2020 do Partido da Morte começaram a surgir praticamente assim que o verdadeiro perigo da COVID-19 começou a ser amplamente compreendido. No início de março, Rick Santelli, personalidade financeira do canal de TV norte-americano CNBC – também notável por sua participação no pontapé inicial do movimento reacionário Tea Party – foi ao ar para alertar contra a reação exagerada ao vírus. "Talvez fosse melhor se contaminá014ssemos todo mundo", sugeriu ele, "assim, dentro de um mês isto terminaria". Como observa Adam Kotsko, Santelli estava explorando uma maré de sadismo que há tempos tem tido apelo entre os ricos e, infelizmente, também entre uma certa parcela de trabalhadores.

O comentário de Santelli foi recebido com choque e repulsa, mas isso não impediu que continuasse a permear nos mais altos escalões do governo e da mídia. Não há outra forma de entender a ideia frustrada do governo do Reino Unido de buscar o "efeito rebanho" adotando uma abordagem negligente à pandemia. O conselheiro de Boris Johnson, Dominic Cummings, teria supostamente comentado que "se isso significar a morte de alguns aposentados, é uma pena".

Parece que agora essa visão está ganhando popularidade como senso comum do Partido da Morte em ambos os lados do Atlântico. O Presidente Trump *twittou* ameaçadoramente que "não podemos deixar que a cura seja pior do que o problema". Trump ecoou os sentimentos de Lloyd Blankfein, presidente do banco de investimentos Goldman Sachs, que preocupado em "não esmagar a economia", propõe que "dentro de poucas semanas, deixemos quem corre menos risco de contrair a doença voltar ao trabalho".

O *Wall Street Journal* publicou um editorial similar, e o *New York Times* reportou que os republicanos "apelaram à Casa Branca para que encontrassem maneiras de reiniciar a economia, à medida que os mercados financeiros continuam a despencar e os empregos perdidos ameaçam alcançar a casa dos milhões em abril".

Gostaria que essa visão se limitasse aos republicanos. Mas, neste fim de semana, o mesmo *New York Times* publicou duas colunas de opinião oferecendo versões liberais da posição do Partido da Morte, sugerindo que controlar a pandemia seria menos importante do que reviver a economia – uma delas, naturalmente, assinada pelo onipresente cheio-de-opiniões-ruins Thomas Friedman.

Relutante em falar com verdadeiros especialistas da área ou contemplar mudanças fundamentais no *status quo* capitalista,

Friedman simplesmente escolheu um acadêmico complacente para afirmar que podemos voltar ao normal dentro de algumas semanas e que devemos "deixar que muitos de nós sejamos infectados, para nos recuperarmos e voltarmos ao trabalho". Gregg Gonsalves, da Escola de Saúde Pública da Universidade de Yale, *twittou* esbravejante suas críticas: "o distanciamento social vai prejudicar muitas pessoas, mas também vai evitar muitas mortes... por que não pensar em como amenizar os danos econômicos em vez de piorar a epidemia? "

Nós sabemos o porquê, é claro. "Amenizar os danos" implicaria mudanças em nossa sociedade que desafiariam o *status quo* do capitalismo. O que, para tipos como Lloyd Blankfein e Thomas Friedman, também seria o fim do mundo. Portanto, para eles, o Partido da Morte oferece a única abordagem viável, por mais sombria que possa parecer.

A crueldade dessa estratégia se tornará aparente quando for tarde demais, quando os hospitais estiverem lotados e o sistema de saúde e a economia colapsarem. Nessa altura, uma estratégia retórica precisará ser encontrada para exonerar todos, de Friedman a Trump, por venderem soluções sem sentido e curas milagrosas. É por isso que o Partido da Morte também é o Partido da Responsabilidade Individual – não a deles próprios, é claro, mas a nossa. Aqueles que estão no poder serão considerados inocentes, e os ricos lamentarão a tolice das classes inferiores. Se ao menos alguns universitários não tivessem ido a um festival em Miami Beach, tudo isso poderia ter sido evitado.

As bases para essa estratégia de culpar as vítimas já estão sendo estabelecidas, enquanto líderes nos incentivam a apontar o dedo uns para os outros por não nos isolarmos o suficiente, em vez de culpá-los por administrarem uma crise no interesse do capital e não das pessoas. Isso não quer dizer que a pressão pelo distanciamento social seja uma coisa ruim ou desnecessária – no momento, é uma das únicas ferramentas que temos para nos mantermos vivos.

Mas é impossível não perceber o paradoxo do governador de Nova York, Andrew Cuomo, ao dizer para os nova-iorquinos ficarem em casa enquanto ainda tenta cortar o Medicaid [programa de saúde social dos EUA para indivíduos com poucos recursos] em meio a uma pandemia, ou do cirurgião geral dos EUA ao alertar que "a quantidade de pessoas levando isso a sério não é suficiente", enquanto a pessoa que parece levar a situação menos a sério é o seu chefe na Casa Branca.

Socialistas sempre insistiram que as necessidades humanas devem prevalecer sobre o lucro, que a economia não é o mercado financeiro e que precisamos transformar completamente essa economia que causa a miséria dos trabalhadores e destrói o planeta. Essa mensagem se tornará ainda mais urgente à medida que nossos oponentes em diferentes partes da classe dominante chegarem à conclusão – lamentosamente para alguns, felizmente para outros – de que, na disputa entre perda de lucro e perda de vida, eles escolhem a morte.

Este artigo foi traduzido por Giuliana Almada e publicado na revista Jacobin em 26/03/20.

Sobre o autor

Foto de Joshua Brown

Peter Frase é editor da revista *Jacobin*, Ph.D. em sociologia na CUNY Graduate Center, e escreve regularmente para *In These Times* e *Al Jazeera*. Ele mora na cidade de Nova York.

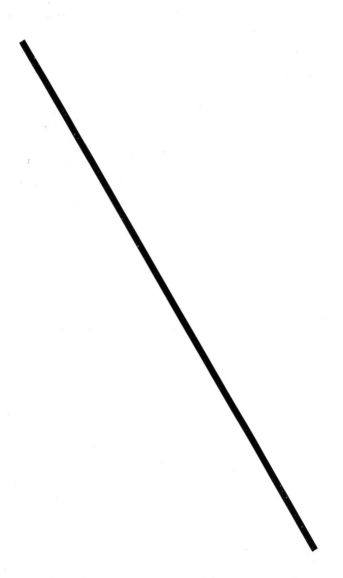

Este livro foi composto em Adobe Garamond Pro e Futura em papel Avena 80mg.